Na companhia dos Anjos

Na companhia dos Anjos

JENNY SMEDLEY

COMO SE CONECTAR COM ELES

TRADUÇÃO
ALDA PORTO

Título original: *Everyday Angels*
Copyright © 2010 by Jenny Smedley

Publicado originalmente em inglês pela Hay House UK. Ltd, em 2010

Todos os direitos reservados. Nenhuma parte desta obra pode ser reproduzida ou transmitida por qualquer forma ou meio eletrônico ou mecânico, inclusive fotocópia, gravação ou sistema de armazenagem e recuperação de informação, sem a permissão escrita do editor.

Gerente Editorial
Jiro Takahashi

Editora
Luciana Paixão

Editor assistente
Thiago Mlaker

Assistente editorial
Diego de Kerchove

Preparação de texto
Ana Cristina Garcia

Revisão
Rebecca Villas-Bôas Cavalcanti
Marcia Benjamim

Criação e produção gráfica
Thiago Sousa

Assistentes de criação
Marcos Gubiotti
Juliana Ida (projeto de capa)

Imagem de capa: Mauritius/Mauritius/Latinstock

CIP-Brasil. Catalogação-na-fonte
Sindicato Nacional dos Editores de Livros, RJ

S644n   Smedley, Jenny
            Na companhia dos anjos: como se conectar com eles / Jenny Smedley ; tradução Alda Porto. - São Paulo : Prumo, 2011.

            Tradução de: Everyday angels
            Inclui bibliografia
            ISBN 978-85-7927-126-7

            1. Anjos. 2. Espiritualidade. I. Título.

11-1554.   CDD: 299.93
                                                                               CDU: 299.93

Direitos de edição para o Brasil: Editora Prumo Ltda.
Rua Júlio Diniz, 56 – 5º andar – São Paulo/SP – CEP: 04547-090
Tel.: (11) 3729-0244 – Fax: (11) 3045-4100
E-mail: contato@editoraprumo.com.br
Site: www.editoraprumo.com.br

Este livro é dedicado aos meus anjos pessoais, em agradecimento pelas dádivas que me concederam.

Também ao meu companheiro de alma
e melhor amigo, Tony, pelo apoio de sempre.

Gostaria ainda de agradecer a todos os esforçados colaboradores da Hay House, por transformarem meus livros em realidade.

SUMÁRIO

Prefácio 9
Introdução 13

Capítulo 1   Os anjos estão em todo lugar 21
Capítulo 2   Anjos da guarda 35
Capítulo 3   Anjos da via mestra 65
Capítulo 4   Anjos da alma 79
Capítulo 5   Sinais dos anjos 93
Capítulo 6   Cores dos anjos 107
Capítulo 7   Anjos do sonho 123
Capítulo 8   Anjos-cupido 139
Capítulo 9   Anjos animais 147
Capítulo 10   Vozes, orbes e luzes dos anjos 171

Conclusão 179
Referências 191

Prefácio

Em toda religião, país e cultura, os anjos são reconhecidos, de uma forma ou de outra, como mensageiros entre os seres humanos e Deus. Têm muitas e variadas formas. Uma das mais interessantes encontra-se nas culturas do nativo norte-americano, que os apresentam como *Pássaros do Trovão*, espíritos alados em forma de pássaros gigantes que, diz-se, trazem mensagens e avisos do Criador. Mas eles podem aparecer em qualquer forma ou aspecto. Presenciei aparições de um anjo como uma coluna dourada, como um ser alado e até, certa vez, disfarçado de idosa em busca de ajuda. Portanto, ao procurar anjos, conte com o inesperado.

Anjos têm de existir, pois, se todas as preces e súplicas subissem direto a Deus, poderia ocorrer o caos. Se Ele próprio recebesse todo pedido de ajuda por uma vaga de estacionamento ou mesmo pela cura de um ente querido que esteja enfermo, como seria possível lidar com todos os pedidos? Claro que Ele, ou qualquer ser supremo, seria onipresente, todo-poderoso, mas e quanto às complicações que surgissem quando o ato de compaixão de alguém, por exemplo, talvez criasse problemas para uma pessoa, ou desencadeasse acontecimentos capazes de causar transtornos para o mundo todo? Para mim faz sentido a existência de várias dimensões que tratam de muitos aspectos de Deus: ajudantes, anjos.

Creio que os anjos também são necessários para intermediar a comunicação com Deus, pois é muito possível que a ligação direta, por quaisquer meios, poderia de fato nos queimar ou lesar de alguma maneira, como se enfiássemos o dedo na fiação elétrica!

Muitas pessoas me escrevem perguntando: "Eu tenho um anjo?". Isso me entristece muito, pois sei que todo mundo tem seu próprio anjo. De fato, cada um de nós tem vários. É inquietante pensar que pessoas solitárias, por aí, acham que até os anjos as abandonaram, fazendo-as se sentirem mais solitárias do que nunca. Claro que todo mundo tem anjos, mas a dificuldade está em estabelecer contato com eles e com todos aqueles aos quais se poderia apelar em busca de ajuda, caso se soubesse como fazê-lo. Meu livro *Angel Whispers* [Sussurros de anjos] é um manual definitivo sobre como fazer isso, mas, ainda assim, algumas pessoas – embora acreditem que outras tenham – parecem convencidas de que elas mesmas não têm seus anjos, e que, em consequência, pouco adianta tentar fazer contato, porque nenhum deles irá ouvi-las. Sentem que de algum modo não merecem ter um.

A verdade é que os anjos nos amam de forma incondicional, e querem nos ajudar da maneira que puderem, não importa o nosso *status* no mundo. Eles têm amado toda a raça humana, de pessoas como Madre Teresa até Adolf Hitler. Amor "incondicional" significa ser amado independentemente do caráter ou comportamento, e é o motivo de sermos privilegiados por recebê-lo de anjos. Assim, este livro surgiu para mostrar-lhe que *todo mundo*, por mais humilde, triste, pobre ou rico que seja, raça ou credo a que pertença, tem um anjo, de fato vários, que pode invocar. São grandes igualitários. Não se importam se você é preto ou branco, grande ou pequeno, jovem ou velho, homem ou mulher, famoso ou não, solitário ou não, bom ou mau. Todos somos iguais aos olhos dos anjos, pois eles veem, além da fragilidade e inadequação da natureza humana, a alma.

Espero que, após ler este livro, os que duvidavam ter um anjo retornem ao *Angel Whispers* com renovada esperança e logo entrem no caminho certo para receber ajuda angelical na vida. Para os leitores já seguros de que têm o seu, preenchi partes deste livro com belas histórias enviadas do mundo todo, que demonstram que todos temos acesso divino. Também introduzi novas dicas sobre como manter a continuidade da comunicação e desenvolvê-la mais, com maior compreensão.

Apresento alguns fatos importantes sobre os anjos que você jamais deve esquecer. Repita-os para si mesmo nas noites sombrias de dúvida.

- Todos são iguais aos olhos de anjos.

- Os anjos ajudam todo mundo, independentemente de idade, credo, cor ou gênero.

- Todo mundo é especial para os anjos.

- Os pensamentos positivos trazem resultados angelicais positivos.

- Todos podem comunicar-se com os anjos.

- Todos podem ser ajudados por anjos.

- Os anjos podem aparecer sob várias formas e aspectos, pois são, claro, pura energia.

- Há diferentes anjos para diferentes tarefas.

- Alguns anjos são fáceis de entrar em contato; outros exigem mais dedicação e esforço.

- Com os anjos, você recupera o que introduz no relacionamento.

- Os anjos amam cada um de nós de forma incondicional. Não importa o que façamos, isso nunca muda.

- A crença nos anjos ajuda uma pessoa a comunicar-se com eles.

- Seja qual for seu nome, seja quem for, *você* tem um anjo.

Introdução

Não vos esqueçais da hospitalidade, porque por ela alguns, sem o saber, hospedaram anjos. – **Hebreus, 13:2**

Desde muito pequena, os anjos têm estado ao meu redor, embora eu não os chamasse necessariamente de "anjos" na época. Era natural para mim, como para a maioria das crianças, aceitar milagres como parte da vida cotidiana. Não conhecia o termo "espiritual", e não o teria entendido, mas sei agora que era uma criança muito espiritual. Quer dizer, por intuição, vivia em harmonia com o mundo natural em volta. Não dava a mínima para roupas nem brinquedos luxuosos. Nunca me preocupava se tinha os cabelos escovados ou as roupas imaculadas. Tampouco possuía bonecas caras, computadores ou jogos eletrônicos. Brincava com a imaginação, algo muito suprimido na garotada de hoje, uma desvantagem. Tinha tudo de que precisava na natureza. Brincava na grama, em canteiros de flores e usando a imaginação. Uma placa de rua de madeira, de uns 65 cm de altura, com uma perna de cada lado, era meu almejado pônei, e eu o "cavalgava" pelas névoas do meu mundo imaginário durante horas, um lençol e algumas cordas amarrados em volta como sela e rédeas. Sentia-me feliz.

Brincar dessa forma, por meio da imaginação, assemelha-se muito a meditar. As crianças que brincam assim são desligadas das questões do mundo real e muito abertas, por isso, às do mundo espiritual e aos anjos. Os meninos de hoje têm o trabalho da imaginação oferecido por jogos de computador e não são tão afortunados. Precisam trabalhar com muito mais afinco para sentir-se felizes, porque lhes ensinam a concentrar-se no material acima de tudo. Acho muito importante para o mundo que nossos futuros cidadãos se tornem conscientes da espiritualidade à sua volta e se unam de novo ao mundo natural. Fora as óbvias desvantagens de criar uma geração que se interessa sobretudo por rótulos de *design* e pela nova loucura eletrônica, deve-se considerar o fato de a comunicação com os anjos ter tudo a ver com energia. Se a sua energia é do tipo certo, é possível aumentá-la o bastante para comungar com os anjos. Infelizmente, os dispositivos eletrônicos criam com precisão o tipo errado de energia. O fato de bombardearmos nossas crianças com energia de sinais de celulares, Internet sem fio, TV e rádio preocupa-me muito, assim como sinto preocupar todos os indivíduos. As crianças arrancadas de ligações angelicais terão uma forte tendência a tornar-se gananciosas, ávidas e, apesar de todas as posses materiais, frustradas de modo desesperador e infelizes como adultos. Seria ruim para todos nós.

Claro que, quando cresci, as coisas mudaram para mim também. Fui modificada pela vida, pelo fato de ser humana, por outras pessoas, pela necessidade de adaptar-me socialmente a meus pares. Como todas as crianças, fui formada por adultos bem-intencionados, que queriam apenas ajustar-me à sociedade, mas, ao fazê-lo, sufocaram sem querer a minha individualidade. Mais tarde na vida, quando quis encontrar-me mais uma vez, e aos meus anjos, levei vários anos para retornar ao lugar onde reconquistei essa comunicação, mas afinal consegui e saí da depressão para uma vida realizada. Tinha chegado ao fundo do poço àquela altura, e emergir, embora não intacta, mas muito melhor do que antes, foi uma verdadeira prova do poder dos anjos.

Continuo até hoje a obter maravilhosa ajuda de meus anjos. Assim que me mostraram meu verdadeiro papel na vida – ser uma semeadora espiritual em pessoas –, recebi várias ferramentas. Uma delas foi um programa de TV transmitido durante dois anos, que me possibilitou aprender com todos os convidados – centenas de professores espirituais e gente que tivera admiráveis encontros com anjos. Adquiri a capacidade de criar imagens de aura remotas em fotografias comuns e a pintar retratos digitais de anjos. Também me deram capacidade psíquica, que me tornou capaz de ser contratada para escrever colunas em revistas, a fim de alcançar mais pessoas e plantar-lhes sementes de espiritualidade. Ganhei uma estupenda amiga, que me ajudou a promover o que faço e permitiu-me participar de mais de 400 entrevistas de rádio ao longo dos anos.

Surpresas de anjo

Os anjos sempre conseguiram me surpreender, e continuam a fazê-lo. Quando penso que me auxiliaram a ajudar pessoas tanto quanto conseguem, eles surgem com alguma coisa nova e ainda mais maravilhosa. Muitas vezes fui acordada à noite por anjos que me transmitiram mensagens, por isso aprendi a manter caneta e papel ao lado da cama para tomar nota. Isso é essencial para qualquer pessoa que tenta se comunicar com anjos. Por mais que a gente pense que vai se lembrar de algo, com muita frequência as névoas do sono tolhem a memória. Mais de uma vez acordei de manhã sabendo que à noite me haviam dito alguma coisa incrível, e quase podia entendê-la, apenas para vê-la desaparecer tão rápido como areia pelos dedos. É muito frustrante, porque à noite, semiadormecida, pensava: *Que maravilha! Isso explica tudo! É tudo tão simples,* e tinha total certeza de que era impossível esquecer, mas esqueci. Talvez tivesse de esquecer, mas agora mantenho notas – embora, às vezes, a sonolência seja tão grande que não consigo sequer abrir os olhos; apalpo à procura de bloco e caneta no escuro e rabisco o melhor que posso.

Em meu trabalho, passei a compreender que a maior parte do que fazia era ajudar pessoas angustiadas, além de plantar sementes entre os curiosos. A melhor maneira de fazer isso foi auxiliá-las a comunicar-se com os próprios anjos, motivo pelo qual a Hay House me pediu que escrevesse *Angel Whispers – how to get closer to your angel* [Sussurros de Anjo – como aproximar-se mais do seu anjo], pois é sempre melhor e mais eficaz comunicar-se diretamente com os anjos do que fazê-lo por meio de outra pessoa, e isso funcionou muito bem para muita gente.

Os anjos também sabem, porém, que algumas pessoas se sentem angustiadas demais para ter condições de seguir instruções ou perseverar o bastante e penetrar nos reinos angelicais. Às vezes vivem em circunstâncias tão terríveis que não conseguem ver um meio de ser positivas sequer por um segundo. Pode-se comparar a energia delas a um barquinho no oceano. Os anjos, e a ajuda que podem transmitir, são uma jangada que tenta alcançar a pessoa e o "barco". Por mais que queiram a ajuda do anjo, porém, se a energia da pessoa está tão fragmentada e desequilibrada que torna o "mar" em volta encrespado, elas na verdade afastam a "jangada" dos anjos. Se conseguem controlar a energia e acalmar o mar em volta da embarcação, a jangada pode alcançá-las. Nas profundezas da dor, do desespero ou da escuridão, as pessoas não conseguem fazer fluir a energia. Às vezes isso se torna uma escada em espiral da qual não podem escapar.

Estrela de anjo

Então, numa determinada noite, fui acordada para algo muito especial: uma ferramenta para ajudar essas pessoas com minha própria energia inspirada pelos anjos. Levantei-me e percebi que alguma coisa brilhava no ar acima, o que era muito estranho, pois o quarto de fato se achava em total escuridão – sem nada que emitisse luz, refletida nem real, e no entanto lá estava. Ergui os olhos e vi o mais belo cristal em forma de estrela a flutuar na escuridão. Não era como uma estrela de árvore de Natal, com apenas cinco pontas; tinha múltiplas pontas, e lembrou-me de uma coisa que talvez ficasse à vontade naquela bela e cintilante nave espacial do filme *Contatos imediatos do terceiro grau*. A estrela também resplandecia e tremeluzia com as cores do arco-íris e emitia clarões das pontas enquanto girava devagar no ar. Eu soube que era a estrela de um anjo.

Após algum tempo, compreendi o que tinha de fazer, e estendi a mão para pegá-la. Assim que fechei a mão em volta, a impressão visual desapareceu, mas ela não. Senti-a pulsar suavemente na mão, embora não a visse. Ao tornar a me deitar, embalando a estrela contra mim, começaram a dizer-me para que serviam aqueles objetos mágicos. Informaram-me que eu seria capaz de transferir uma, como energia, pelo universo quântico ou multiverso (onde tudo e todos são pura energia), a pessoas necessitadas de ajuda e julgadas pelos anjos existentes no lugar certo e no tempo certo para receberem ajuda. Teria condições de entrar no campo de energia das pessoas em um nível quântico, como quando faço palestras e entrego-lhes a estrela de anjo, que elas conseguem segurar, embora jamais a tenham visto. A estrela transfere a elas o poder de anjo quando surge a necessidade.

Na manhã seguinte, fiquei muito excitada ao ver a nova ferramenta em ação e, como esperava, recebi um *e-mail* de alguém que necessitava da ajuda da estrela do anjo quase no mesmo momento. Essa pessoa, Lynn, sentia-se apavorada com a ideia da iminente cirurgia nas costas. Convencera-se de que morreria sob o anestésico, ou não se recuperaria bem e ficaria aleijada para sempre. O problema fora causado por um esporão ósseo que crescia na espinha dorsal. Escrevi-lhe em resposta e falei-lhe da estrela. Expliquei que ela podia recebê-la a qualquer momento e isso ajudaria a acalmá-la. Lynn respondeu extasiada, pois sentira imediatamente a energia; nos dias seguintes, toda vez que entrava em pânico, abria a mão e sentia a estrela acesa ali. Acalmava-se no mesmo instante. O que nos surpreendeu, porém, foi que em poucos dias a dor diminuiu tanto que ela conseguiu sair às compras pela primeira vez em meses, e perguntou-se se ainda precisava de cirurgia. Claro que eu lhe disse que precisava conversar com o médico antes de tomar qualquer decisão. Quando ele a examinou parecia que parte do esporão se desfizera, por isso a dor diminuíra. Mesmo assim, Lynn teria de submeter-se à cirurgia para evitar a recorrência do mal. A operação seria muito menos traumática, porém, porque ela tinha fé total na estrela que a protegia, pois, como a doença já havia melhorado muito, sabia que continuaria a receber ajuda e que teria uma recuperação total.

Depois recebi um *e-mail* de uma mãe preocupadíssima com a filha. A jovem trazia energia sombria em si que a fazia ter ideias suicidas. Sentia-se solitária e não amada. Logo que recebeu a estrela, começou a sentir-se melhor consigo mesma; em seguida, passou a fazer novos amigos, pois as pessoas a viam de forma diferente. Parecia que a estrela eliminara a energia negativa que as fazia se afastarem dela.

Há pouco tempo fiz um minisseminário no Cardiff Natural Health Show (entidade que organiza eventos, exposições, apresentações e *workshops*, e cuja missão, desde 1995, consiste em inspirar mente, corpo e alma), e lá consegui entregar estrelas de anjo a membros do público. É extraordinário como, sem qualquer conhecimento prévio dos problemas de um indivíduo, cada estrela me veio completa, com uma mensagem muito importante para a pessoa relacionada. As cores e as formas também variavam, dependendo do motivo ao qual se destinava a estrela. O dia longo valeu muito a pena: foi ótimo ver a alegria nos rostos quando cada um deles sentia o toque da estrela nas mãos abertas.

Outro problema que as pessoas enfrentam, às vezes, é ter a autoestima tão baixa que não conseguem acreditar que têm anjos. Uma mulher de fato me escreveu e disse achar que os anjos dela a detestavam! Ambas as coisas são impossíveis. Todo mundo tem um anjo e toda alma é capaz de comunicar-se com eles, que são incapazes de detestar aqueles sob sua proteção! Tenho certeza de que às vezes nos acham frustrantes, mas jamais poderiam detestar-nos.

Ao ler os relatos pessoais e os capítulos seguintes, espero que cada um de vocês passe a entender que existem anjos para cada finalidade possível de imaginar, muitas inimagináveis, e, o mais importante, existem anjos para *você*!

Capítulo 1
OS ANJOS ESTÃO EM TODO LUGAR

A chave de uma vida feliz é ver anjos em toda parte.
Jenny Smedley

Talvez todos nos familiarizemos com a ideia de que orar aos anjos é um meio de comunicar-se com Deus, mas o que às vezes deixamos de ver são as mensagens que Ele nos manda! Os anjos nos trazem essas mensagens e nos fazem sentir Sua presença de inúmeras formas. Você pode encontrar uma pena branca flutuando, o que não seria incomum se caminhasse junto a uma sebe; mas, se isso acontece no meio de um supermercado, pode ser uma espécie de "pássaro" totalmente diferente!

Outro exemplo clássico é sentirmos algum aroma quando nenhum deveria haver, e o mais predominante é o perfume de uma rosa. Sempre que meu anjo me traz a presença de minha mãe, ela vem acompanhada pelo aroma de frésias, suas flores preferidas.

De forma inesperada, talvez, você poderia sentir cheiro de tabaco – um anjo fumante? Não se tratará de tabaco, na verdade, mas de sálvia branca, uma erva purificadora de origem norte-americana.

Os anjos às vezes roçam-lhe a face com um toque tão suave como uma teia de aranha. Às vezes sopra uma leve brisa quando todas as janelas estão fechadas. Às vezes você apenas terá uma sensação de calma e segurança totais.

Há relatos de doentes graves, pessoas agonizantes, com sua família, dizendo que seres brancos no quarto vieram levá-los.

Embora isso talvez seja perturbador para os parentes, o sorriso no rosto do ente amado também os enche de alegria e esperança.

Faz pouco tempo, recebi esta pergunta de uma leitora da minha coluna "Angel Whisperer": Sempre que meu marido e eu saímos para nossas atividades, vemos uma borboleta branca. Que significa isso? Minha resposta:

> *As borboletas são sempre um sinal de renovação e regeneração, porque emergiram há pouco de uma crisálida, e antes eram uma lagarta rastejante um tanto repulsiva. Surgem em incrível beleza. Branco sempre significa pureza de coração. Esses sinais dos anjos reconhecem que você e seu marido passaram por alguns tempos difíceis e tiveram de ser fortes. Dificuldades familiares e problemas financeiros atormentaram-nos e amorteceram a felicidade dos dois. Esses sinais também me dizem que aqueles tempos difíceis já terminaram, e a pureza do amor de vocês vai conseguir brilhar. Quando e se as borboletas pararem de aparecer, o tempo de abundância retornará à normalidade, portanto aproveitem o máximo desse período, pois durante esse momento vocês não têm limites e nada pode detê-los.*

A COMUNICAÇÃO BORBOLETA

Uma mulher chamada Mary-Ellen enviou-me uma história que oferece outro exemplo da "comunicação borboleta" com os anjos:

> *"Meu avô e eu vivíamos muito próximos nos últimos dias dele. Eu não tinha pais àquela altura, e alegrou-me o fato de vovô aprovar meu futuro marido, Josh. Tornou-se mais um pai que um avô.*
>
> *Nos preparativos do casamento, vovô ficou muito doente, de forma bastante repentina, com câncer pancreático. Deram-lhe apenas semanas de vida, e isso foi um choque terrível. Senti que não ia ter mais família. Ele morreu na véspera do casamento, e eu e Josh está-*

vamos lá para nos despedir. Muito triste. Vovô fez meu noivo prometer que sempre estaria a meu lado quando eu precisasse, e ele o fez.

O casamento realizou-se em novembro, no Canadá, por isso fazia muito frio e o terreno ficou coberto de neve. No meio da cerimônia, apareceu uma grande borboleta azul acima de nós, no altar, e depois pousou na minha mão esquerda. O incrível é que continuou ali, e nenhum de nós fez qualquer tentativa de movê--la, enquanto Josh me punha a aliança no dedo. Quando disseram as palavras de encerramento da cerimônia, a borboleta alçou voo e circulou acima. Acompanhou-nos para assinar o registro também. Todos a viram. Não devia haver borboletas ali naquele tempo. Quando nós e a congregação começamos a sair em fila para fotos, a borboleta continuou a sobrevoar. Comecei a ficar meio preocupada, pois me sentia atraída, e imaginei que de modo algum ela conseguiria sobreviver lá fora, no frio, e mesmo se ficasse na igreja não teria do que subsistir; logo, estava condenada. Feitas as fotos, eu tinha os olhos erguidos, observava-a, perguntava-me aonde iria, quando de repente ela desapareceu. Juro, não saiu voando, simplesmente desapareceu. Não dava para acreditar.

Só mais tarde imaginei que meu anjo poderia ter usado a borboleta para me informar que vovô continuava perto e zelava por mim. Posso dizer apenas que, desde então, sempre que peço ajuda, aparece uma borboleta azul. Às vezes uma verdadeira, viva, e outras em forma de uma roupa pendurada na janela ou um ornamento numa vitrine de loja, ou até um logotipo em alguma embalagem, mas sempre ali, em algum lugar".

No caso acima, a borboleta com certeza simbolizava que a morte é na verdade apenas uma transição entre o estado de ser e o seguinte, que será, naturalmente, de uma beleza infinita. O avô de Mary-Ellen havia se transformado, sem dúvida, numa linda forma.

Apenas se conecte

Outra leitora fez esta pergunta: "Que tipos de sinais meus anjos me mandam para dizer que andam por perto? Muitas vezes acho que os sinto, mas se enviassem um sinal especial me dariam certeza".

Respondi o seguinte:

> *Os anjos têm um sinal muito incomum para anunciar a presença deles: abanam você com as asas. Assim, da próxima vez que sentir uma suave brisa soprar-lhe no rosto quando não deveria haver nenhuma, você terá certeza. Isso pode acontecer dentro ou fora de casa, num dia bastante calmo, sem vento natural algum.*

Há uma variedade infindável de modos de fazer contato escolhidos por seu anjo. A chave para reconhecê-los é notar ocorrências ou coincidências incomuns. Segue outra pergunta que recebi de uma manifestação muito rara:

> *"Não paro de ver jumentos! Noutro dia tinha acabado de escrever em meu diário: 'Não os tenho visto durante **anos de jumento***', referindo-me a alguns amigos, e de repente ouço jumentos zurrando. Olhei pela janela e levavam dois jumentos para o museu do outro lado! Um pouco desanimada, sentei-me para tomar uma xícara de chá, abri uma revista e... a foto de um jumento me olhava! Mais tarde, dirigia por uma estrada e de repente percebi que seguia um caminhão com uma placa em que se lia 'Jumentos a bordo'! Talvez estejam tentando me dizer alguma coisa? Vivo sob muita tensão no momento e me pergun-*

---

* N.E: Ano de jumento, Donkey's year, em inglês é uma expressão que significa por muito tempo. Sem equivalente em português.

tei se eram um sinal de minha 'carga pesada'. Se for, gostaria que viessem e tirassem alguma de mim".

Minha resposta:

Você tem dado muito duro há algum tempo e continuará a fazê-lo, talvez mais ao cuidar dos outros. Mas um ajudante está a caminho. Alguém lhe será de grande ajuda. É isso que dizem os sinais – portanto não desista! Também trate de aceitar e aproveitar a ajuda prestes a chegar, e não seja orgulhosa demais para aceitá-la! Esse ajudante elevará seu espírito sobrecarregado!

Mensagem de motocicleta

Já falei do grande número de formas com que os anjos anunciam sua presença, mas há pouco tempo recebi uma carta e uma fotografia que me mostraram um sinal que jamais vira antes. Um homem na Austrália escreveu para me dizer que, logo depois da morte da companheira num terrível desastre de carro, ele limpava a motocicleta dela para dirigi-la até o enterro. Pulverizou um depurativo de graxa no motor e deixou o detergente na moto por cerca de 30 minutos para dar tempo de agir. Quando retornou, viu dois corações *pink* entrelaçados e modelados à perfeição debaixo da moto onde o detergente gotejara. Não restara outra gota do produto, senão uma boca sorridente abaixo dos dois coraçoes. A fotografia me deixou pasma.

Portanto, procure a estranheza!

Sincronia

As "coincidências" de aparente falta de sentido de fato não são nada disso. Trata-se de sincronia, ou "coincidência significativa". Que significa? Significa a experiência de dois ou mais acontecimentos que, embora pareçam não relacionados, ocorrem ao mesmo tempo, de maneira que lhes dá novo significado. Se, por exemplo, você topa de repente com um velho amigo, conhecido profissional, que não vê há algum tempo, as chances são de que isso significa alguma coisa, sobretudo se ele apareceu inexplicavelmente em seus pensamentos durante certo período antes do encontro. Quando o encontra, ou ele vai lhe dizer algo que você precisa saber, apresentá-lo a alguém que você precisa conhecer, ou talvez até ele próprio lhe mude a vida com o que pode parecer uma palavra casual ou uma referência aleatória – por isso, preste atenção a tudo que têm a dizer. Se você vai ligar para um velho amigo e ele lhe telefona enquanto você pensa nessa mesma pessoa, escute bem atento, porque seu anjo da guarda está tentando lhe dizer alguma coisa que você precisa saber.

Imagine que passou o dia com uma música na cabeça e seu cônjuge entra em casa cantando a mesma música, ou os dois irrompem na mesma música ao mesmo tempo. Dê uma boa olhada na letra, pois talvez contenha uma mensagem para você. Preste atenção às coisas que poderia descartar como coincidências sem sentido, pois não existe isso; qualquer coisa que pareça insignificante foi posta ali pelo poder místico que é a sincronia.

Acompanhe os sinais. Suponha-se dirigindo na rua com a ideia de fazer um novo negócio, porém sem a certeza sobre se é ou não uma boa ideia. De repente você nota que o carro da frente tem placa SUP 123N. Podia-se interpretar isso como "Super... Negócio – fácil como 1, 2, 3" – o importante é o que talvez signifique para *você*. O aspecto principal de sinais sincronizados é que quase sempre vêm em três; assim, mais tarde, nesse mesmo dia, talvez você veja um grande cartaz à margem de uma via pública, no qual nunca reparara antes, com a frase: "Hoje é dia de aproveitar as oportunidades". E, ainda, talvez leia uma manchete de jornal que diz: "2.000 novos negócios previstos este ano". Tudo isso poderia ser apenas ignorado, mas um seguidor de sincronia sorrirá, dirá "obrigado" e se apressará a tocar o seu negócio.

Sinais em toda a volta

Os sinais dos anjos aumentam de forma exponencial, o que é bom. Quanto mais você os vê, mais os verá; e, se os acompanhar, antes que perceba vai começar a viver uma vida de perfeito sentido, em vez de uma confusão caótica pela qual passa a maioria das pessoas. Sabe quando você compra um carro novo, de marca e cor que nunca teve antes? Não se trata de um carro que vê com frequência, e na certa se sentiu atraído por ele por ser um tanto incomum – para você, quer dizer. Mas, assim que se põe a dirigi-lo, começa de repente a ver cada vez mais carros iguais. Deve-se isso ao fato de que há mais desses veículos e que um bando de pessoas de repente fez a mesma escolha? Não, nada disso. Esses carros *sempre* andaram em volta, só que seu cérebro e sua visão se sintonizaram com o carro e a cor como jamais fizeram antes, por isso passa a notá-los agora. Sempre estiveram ali, mas você não tinha motivo algum para notá-los. Ocorre a mesma coisa com os anjos: sempre andaram em volta, sempre ali, sempre nos influenciando e tentando ajudar; apenas você não notou. O modo de vê-los é sintonizar o cérebro e a visão com eles.

"Anjos *free-lancer*"

Os anjos mais fáceis de notar, lidar e usar são o que chamo de "free-lancer". Trata-se das "bolinhas de energia" que podem ajudá-lo nas ocorrências do dia a dia, como mudar a energia para ajudá-lo a vender a casa, encontrar uma vaga para estacionar ou alguma coisa que você pôs no lugar errado.

Uma velha amiga tentava com muito empenho vender a casa. Ela e o marido estavam no meio de um divórcio complicado. Nenhum dos dois tinha condições financeiras para mudar do lindo chalezinho onde moravam, por isso, até conseguir vendê-lo, conviviam emperrados um com o outro, numa situação muito desagradável. Tudo isso gerava muita energia negativa, e as coisas pioraram: primeiro, não apareciam ofertas; depois, nem sequer visitas ao imóvel! Claro que os candidatos a comprador sentiam toda a energia negativa na casa e, à medida que essa energia aumentava, até a foto do imóvel na corretora afastava as pessoas.

Consegui sintonizar-me com alguns pequenos *free-lancers* na casa (andam por toda parte!) e descobri o que tinha de fazer. O local precisava de uma boa limpeza e de um pouco de defumação com sálvia, o que ajudaria a melhorar, de certa forma, as impressões que causavam as fotos e, em consequência, traria visitas ao imóvel. A fim de prepará-la para elas, ajudei minha amiga numa meditação sozinha com os anjos (é sempre melhor fazê-lo de forma direta!) e disse-lhe como pedir ajuda, de maneira delicada e simples, na venda da casa. Ela se saiu muito bem, e sentiu que os anjos queriam vibrar pela cor azul; então pintou a porta da frente, antes vermelha, comprou algumas pedras azuis e colocou--as em volta da casa; por fim, deixou um lindo cristal labradorita azul sob o capacho da porta para todos os visitantes interessados terem de passar sobre ele. Essa pedra tirava-lhes qualquer sensação de energia negativa quando caminhavam sobre ela e dava--lhes um sentimento de "lar".

Passada uma semana, ela teve não um, mas dois compradores potenciais, e pôde optar pelo de melhor posição para a venda mais rápida e para a resolução dos problemas do casal.

Problemas de estacionamento e perda de objetos

Os anjos de estacionamento são lendários. A história seguinte me veio de uma leitora chamada Sarah.

"Dirijo sempre, na cidade de Salisbury, à procura de algum lugar para estacionar que não me obrigue a andar quilômetros com as compras, mas sem a menor sorte. Era 23 de dezembro de 2008, por isso de fato não surpreendia que todo mundo tentasse fazer a mesma coisa! Ocorreram vários incidentes de 'raiva de estacionamento' quando motoristas acharam que outra pessoa havia roubado o espaço deles naquele exato minuto. Cheguei, de fato, a quase desistir e voltar para casa de mãos vazias. Uma visão daquele anúncio na TV onde o homem acaba comprando para todos os parentes coisas como novos limpadores de para-brisa de borracha no Natal foi a única coisa que me deteve.

Eu queria chegar a uma loja específica, mas como? Então lembrei que Jenny falara na rádio local sobre como os 'anjos de estacionamento' podem ajudar se a gente realmente pede e acredita neles. Pensei: 'Por que não? Nada tenho a perder'. Então imaginei o pátio de acesso daquela determinada loja a que eu queria ir. A essa altura eu estava a várias ruas de distância. Imaginei a loja com toda a clareza na mente com um espaço vazio na frente, e acreditei que continuaria assim tanto quanto fosse possível. Pedi de forma bem clara que aquela vaga permanecesse vazia quando eu chegasse. Virei a última esquina e, para minha decepção, vi todos os espaços ocupados. Quase me desesperei, mas restava a esperança de não haver carros à espera. Então, para meu total assombro, vi as lanternas de marcha à ré do carro no centro se acenderem e ele sair bem diante de mim. Só tive de entrar. Foi uma verdadeira experiência reveladora! Nunca mais tornei a duvidar!"

Jane me contou este pequeno relato engraçado sobre o "anjo de propriedade perdida":

"De todos os lugares para perder um colar de ouro – que antes pertencera à minha mãe –, um campo de feno recém-cortado deve ser um dos piores. Não era uma agulha no palheiro, mas bastante próximo! Eu sabia que a lingueta no fecho estava meio frouxa, mas me sentia tão ligada a ele que de fato nunca imaginei perdê-lo. Quase fazia parte de mim. Além disso, sentia-me nua sem o colar, e por isso não queria deixá-lo em casa. Agora desejava ter feito isso. Andara ajudando uma amiga 'louca por cavalos' a cortar o campo de feno. Fora uma diversão maravilhosa. Havíamos nos revezado no trator, e os cachorros haviam corrido o dia inteiro como loucos, à caça (mas sem pegar) de todos os ratos e coelhos que escapavam pela relva quando a máquina derrubava fileiras no terreno. Ficamos exaustas, ambas não víamos a hora de um descanso rápido sentadas diante do fogão e de uma gostosa xícara de chá, ou taça de vinho, se tivéssemos sorte. Íamos voltar para a casa da fazenda quando percebi que meu colar sumira. Só faltei desabar e cair em prantos. Além de cansada, agora me sentia muito aflita. Pela minha mente corriam ideias de conseguir detectores mentais que viessem e rastreassem o campo, rabdomantes ou coisa que o valha, pois jamais imaginava encontrar a fina corrente com o medalhão de ouro em forma de rosa em todo aquele feno.

Minha amiga, muito firme em matéria de anjos, teve a ideia de pedirmos ajuda e depois percorrer o campo de cima a baixo em busca de orientação quanto ao lugar em que o medalhão estava. Senti-me um pouco tola, mas ela fechou os olhos e pediu ajuda. Partimos. Ainda um pouco cética, acompanhei-a ociosamente, olhos grudados no chão, à procura de um reflexo revelador de ouro sob o sol, que se punha rápido. Impossível, não? Além de termos de percorrer mais de 40.000 metros quadrados, logo ia escurecer, aos poucos, mas com certeza. Passou-se talvez apenas um literal meio minuto quando minha amiga me chamou do seu lado do campo. 'É isto que está procurando?', perguntou, com a voz sorridente. Eu não acreditava – ela quase foi direto até o lugar. Coincidência? É possível, mas acho que não!".

Como seguiria o dia se os anjos trabalhassem para você?

Anjos no radar

Se tivermos os anjos no radar, estaremos no deles, e as coisas vão simplesmente fluir e encaixar-se no lugar com um pouco mais de facilidade durante o dia todo. Você não dará uma topada com o dedão no banheiro, não queimará a torrada nem brigará com seu cônjuge sobre o jornal matutino, os filhos serão calmos e atentos, não terá problema para estacionar nem se atrasar para o trem, tampouco terá de sentar-se ao lado de alguém com a higiene não muito perfeita e predileção por ouvir *heavy metal* no iPod no metrô. Tenho certeza de que já começa a captar a ideia. Não se trata de não haver tropeços para você, mas qualquer um que ocorra não lhe afetará o equilíbrio nem o progresso sem percalços durante o dia.

Se a pessoa não se sintoniza com anjos de alguma forma, e eles não se sintonizam com a energia dela, tudo acima talvez seguisse facilmente do modo contrário.

Se os anjos *free-lancer*, ou quaisquer outros, não o têm ajudado, como convencê-los a fazer isso?

Antes de mais nada, como ocorre em todas as tentativas de comunicação com anjos, você precisa acalmar sua energia. Eu já disse muitas vezes, mas nunca o bastante, que os anjos não conseguem penetrar em energia negativa, demasiado turbulenta, porque esse tipo de energia vibra nas dimensões inferiores e eles não podem chegar tão baixo assim.

Descobriu-se que há 35 dimensões, aproximadamente, e, embora se possa separar cada uma da seguinte pela espessura de uma folha de papel, em termos vibracionais elas se acham a mundos de distância. Dizem que Deus existiria por volta do nível 35, os anjos do tipo com os quais precisamos nos comunicar por volta da dimensão 11, enquanto nos encontramos, em nossa forma humana natural, no modesto número 4. Os anjos precisam de energia positiva estável para penetrar em nossa dimensão, e, mesmo que elevemos o nível vibracional, ainda precisam nos encontrar na metade do caminho. Imagine que você é um pequeno avião sacolejando no ar turbulento, e seu anjo é um outro de reabastecimento de combustível durante o voo que tenta erguê-lo. A não ser que você consiga alcançar o ar calmo e voar em rota nivelada, o cabo de engate do avião de reabastecimento não conseguirá içá-lo. O mesmo ocorre com você e os anjos. Por isso, a melhor maneira de acalmar a energia é um pouco de meditação. Exclua todas as preocupações e concentre-se na respiração. Tente não duvidar, pois a dúvida é negativa. Quando Peter Pan disse que morre uma fada toda vez que uma criança não acredita nelas, talvez pudesse estar se referindo aos anjos. Estes não morrem, claro, mas se tornam inacessíveis a nós. É muito melhor para eles – e permite-lhes exercer mais poder em nossa dimensão – se acreditamos neles e na ajuda que podem nos trazer.

Assim que se sentir na disposição de espírito certa, peça o que quer, com simplicidade e confiança, e será atendido. Não tente imaginar cenários complicados, nos quais se concedam desejos. Deixe os "como" e "quando" para eles. Quando as coisas começarem a melhorar, por menores que sejam as mudanças, lembre-se de agradecer! Acredite que foi a graça do anjo que o ajudou, e eles tornarão a ajudá-lo. Agarre-se às pequenas coisas, guarde-as perto de si, e como ovos chocados elas vão dar ninhadas em forma de ajuda e sinais de anjos maiores e melhores. Claro que isso funciona ao contrário também – se insistirmos em coisas ruins, pequenos problemas se tornarão grandes.

Suponha, por exemplo, que você quer comprar uma nova casa e vem tendo dificuldade para tomar a decisão que julga ser a correta em relação a várias. Se você aumentar isso e imaginar um grande problema, vai nutri-lo, e a primeira decisão que lhe surgir de repente e parecer, pela própria proeminência, a certa quase sempre será a errada. Assim, pergunte aos anjos o que quer saber e peça-lhes um sinal como orientação, e depois apenas fique calmo e espere. Aparecerá algum sinal que o conduzirá à propriedade certa.

Quando nos mudamos de nossa casa de fazenda em Norfolk para Somerset, não tínhamos certeza do que desejávamos. Só sabíamos que queríamos sair da propriedade alugada, que detestávamos, para uma casa própria. Uma das que havíamos visitado chamava-se "Poppins". Após pedirmos ajuda aos anjos, passeávamos por uma cidade próxima, explorando e procurando algum lugar para nos sentar e tomar uma xícara de chá. Topamos com um café chamado "Poppins". Bastante claro, e de fato foi um lar muito feliz. Quando, seis anos depois, quisemos mudar de volta para a cidade e nos deparamos com uma casa chamada "Pippins", foi mais que uma coincidência!

Suponha que queira um carro novo e tema acabar com um "limão". Peça aos anjos para guiá-lo ao veículo certo. Eles lhe darão uma aversão natural por certas cores, e isso o ajudará a reduzir por intuição as inúmeras opções. Depois peça um sinal. O mais comum que terá nesses casos será o número das placas. Senti-me bastante atraída pelo nosso carro atual por causa da mensagem que percebi na placa.

Tais métodos podem funcionar com quaisquer escolhas: trabalhos, parceiros, destinos de férias etc. As dicas estão nas pistas!

Capítulo 2
ANJOS DA GUARDA

Os momentos de ouro na torrente da vida passam a toda por nós e nada vemos senão areia; os anjos vêm visitar-nos, e só os conhecemos quando já se foram.
George Eliot

Cada alma tem um anjo designado para zelar por ela desde o momento do nascimento até a morte. Não há omissões, e ninguém jamais fica abandonado ou excluído. Os anjos da guarda podem intervir quando damos um passo em falso, mas, em última análise, temos de fato um caminho a seguir, e eles, portanto, não podem mudar nosso destino por completo. Podem, porém, reduzir muito os obstáculos da nossa jornada, bem como tornar a vida cotidiana tão cheia de prazer quanto possível, e nutrir-nos e acalentar-nos em tempos difíceis, ao nos emprestarem sua força. Também conseguem, às vezes, "resgatar" um ente amado que faleceu, para nos assegurar que na verdade jamais morremos e nunca estamos de fato sozinhos no universo. Podem proporcionar-nos cura e alívio da dor em momentos de doença e salvar-nos de acidentes e infortúnios não necessários ao nosso avanço.

Os anjos da guarda nos trazem mensagens
Liz me contou esta linda história:

"Muitos anos atrás, quando tinha 13 anos (bem, eu disse mesmo muitos anos atrás), meu irmão caçula morreu de leucemia aos cinco anos. Durante vários anos depois disso continuei tendo o sonho no qual passava pelo cemitério onde o enterraram e ouvia-o chamar meu nome. Via-o claro como o dia, ali em pé, corria cemitério adentro a fim de pegá-lo e levá-lo para casa. Sentia-o e tocava-o realmente, e as lágrimas dele em meu rosto. Ele não parava de dizer que queria ver o avô, e eu dizia que o levaria. Nesse ponto no sonho, um ser de branco aparecia; como eu era muito jovem, sempre me sentia assustada, mas não apavorada, se entende o que digo. Mas a pessoa/anjo dizia ao meu irmão pequeno que não era possível retornar para nós, mas que podia visitar-nos por um instantinho, e permitia-me levá-lo. Eu o levava para a casa dos meus avós, que o recebiam de braços abertos, e depois ele brincava alegre com seus brinquedos. Então uma batida alta chegava à porta, meu irmão se virava e dizia que tinha de ir embora; eu tentava detê-lo, e então acordava.

Continuei a ter esse 'sonho' e muitas vezes tentava impedir-me de entrar nele, mas não conseguia. Isso aconteceu sem interrupção por cerca de dois anos. O sonho então parou muito de repente. Sempre acreditei que o ser de branco era um anjo que me trazia meu irmão. O mais estranho do sonho foi que, muitos anos depois, eu não o havia contado a ninguém e algo interessante aconteceu. Meus pais se separaram, e meu pai decidiu mudar-se para a Inglaterra. Antes de mudar-se, contou a um amigo da família que vinha tendo um sonho estranho fazia anos. Adivinhe?! O mesmo, embora em uma casa diferente, e claro que ele ficava com meu irmão, não eu, mas fora isso tudo idêntico. Você acha que se tratava de um anjo ou de um sonho astral?".

Respondi a Liz que os sonhos repetitivos assim são muito liberais para serem apenas sonhos, e o fato de mostrar-se ao pai idêntico enredo diz-me que se tratou de uma verdadeira dádiva dos anjos.

Shirley enviou-me este adorável relato de como um anjo da guarda pode trazer conforto aos enlutados:

"Eu tinha 11 anos quando meu pai morreu, e pouca compreensão do que lhe acontecia na época. Sei agora que um câncer no intestino causava-lhe um sofrimento terrível e minha mãe cuidou dele até o fim.

Dessa época, lembro duas ocasiões em que estava deitada na cama, após minha mãe me cobrir e me dar boa-noite. Em ambas as vezes olhei a parede ao lado e percebi uma imensa luz amarela pulsante que emitia raios. Olhei o quarto em volta para ver de onde vinha, mas não consegui identificar a fonte. Não fiquei assustada, mas perplexa. Então, na segunda vez em que isso aconteceu, perguntei à minha mãe o que era aquilo, pois ela continuava no quarto comigo na hora. Ela não tinha a menor ideia do que eu falava, e, embora eu apontasse a luz e lhe mostrasse o lugar, mamãe não a via, portanto parecia ser apenas para os meus olhos!

De fato, só anos depois comecei a refletir sobre a experiência. Era meu pai que vinha se despedir ou um anjo que zelava por mim? Eu adoraria saber qual das duas coisas".

Creio ter sido o anjo de Shirley que lhe trazia um sinal do pai, na intenção de que a morte dele lhe desse esperança mais adiante na vida, em vez de deixá-la em desespero de forma profunda com a perda, na época.

Linda viveu outra forma que os anjos têm de dar-nos a conhecer os entes queridos.

"Minha avó (materna) morreu em janeiro de 2005. Desde o falecimento, tenho passado pela experiência dos cristais de rocha que me atiram e pousam aos meus pés, um frasco de xampu que rodopia e até meu iPod, que liga sozinho. Não me preocupei com essas coisas, pois creio que é meu anjo que me envia sinais da vovó".

Sharon lembrou esta história da infância:

"Meu irmãozinho William passou por uma experiência que nenhum de nós jamais conseguiu explicar, quando tinha uns dois anos. Ensinaram-me que as crianças têm uma ligação íntima com anjos. Também me disseram que existem anjos que brincam com crianças, às vezes, e trazem de volta entes amados falecidos para uma visita, mas nunca imaginei que isso aconteceria com alguém da minha família. Willy, como o chamava então, não passava muito bem. Estava meio adoentado, e, como eu tinha de dormir no mesmo quarto que ele, isso me irritava um pouco. Ser a irmã mais velha não era exatamente o que eu desejava, mas depois desse incidente passei a vê-lo sob uma luz diferente! Ele tinha o berço cheio de brinquedos e, no entanto, pedia o 'urso polo'. bem no lado oposto do quarto. Chamava-o de 'urso polo' porque era branco e usava chapéu e cachecol de lã. Não sabia dizer 'polar'. Não podia pegar porque, na época, levantávamos as laterais do berço à noite. Além de cansada, sentia-me um pouco triste, pois nossa bisavó havia acabado de morrer. Willy nunca a viu, porque ela morava

na França, mas eu sim, apenas uma vez. A casa dela tinha uma piscina, e eu alimentava a esperança de voltar lá. Achei que Willy parecia um bebê chorão, quando, na verdade, as pessoas morriam! Eu era um pouco presunçosa, acho. Tinha apenas sete anos, e não me julgava mais criança.

De qualquer modo, disse a Willy que se alegrasse por estar vivo e dormisse. Sei que é uma coisa idiota para dizer a um menino de dois anos. Seja como for, ele acabou por adormecer, e de manhã fiquei totalmente chocada ao vê-lo abraçado com o urso polo. Então me dei conta de que, claro, mamãe devia ter vindo vê-lo e dera-lhe o urso. Mas ele dormia, eu tinha certeza, então como ela ia saber que meu irmão o queria? Quando Willy acordou, perguntei-lhe se mamãe lhe dera o urso. 'Não', ele respondeu; 'Ganmar veio'. Eu tinha certeza de que ele jamais soubera que era assim que mamãe chamava a avó. Fazia isso desde criança. Quando mamãe mostrou a Willy um retrato de Ganmar que mantinha guardado na gaveta da mesinha de cabeceira, ele disse que era a senhora que lhe deu o urso polo".

O interessante é que esse anjo conseguiu trazer um tipo de mensagem por intermédio de Ganmar, mas só a um menino que jamais a conhecera. Isso enfatiza que as crianças continuam ligadas ao seu eu espiritual e são mais receptivas a mensagens que a maioria dos adultos.

Anjos que curam ou trazem alívio
Esta história vem de Chanelle:

"Há pouco tempo sofri um acidente, e tenho me sentido triste, pois tive uma fratura terrível num dente da frente e *quebrei o do lado. Parte do fraturado foi retirada, mas a área da gengiva ficou um pouco inchada – embora com a aparência normal. Tenho me sentido triste por causa do acidente, todo o tratamento e o aumento dos custos, pois sou estudante no momento. O equilíbrio entre trabalho e universidade, o transtorno do próprio acidente e a preocupação com dinheiro me deixam aflita às vezes. De qualquer modo, decidi concentrar-me seriamente em pedir a Deus e a meus anjos para me ajudarem no tratamento (precisava da área da gengiva curada só para continuarem o tratamento e eu não ter de fazer alguma coisa repulsiva – pouparei os detalhes nojentos!).*

Senti que funcionava, pois não sofri a intensidade de dor que julguei fosse sentir e que em geral se esperaria. A certa altura do tratamento, o anestésico não fazia efeito, ou enfraquecera aos poucos, então senti dor, mas algo me disse para respirar devagar e relaxar. Fiz isso e a dor sumiu.

Pedi mesmo a ajuda de Deus e dos anjos uma noite, e tive a seguinte experiência, embora não saiba explicar o que foi.

Orei a Deus e aos anjos que me curassem a gengiva, a boca afetada e a área dos dentes, além de continuarem a guiar-me pela situação e dar-me força – também agradeci a ajuda recebida até então.

No meio da noite, acordei e senti como se me erguessem a cabeça do travesseiro até o teto do quarto. Ficou meio enevoado e parecia que eu examinava a mim mesma, na verdade. Senti alguém pôr meu dente de volta, após tê-lo tirado. Senti uma pontada de dor, e depois nada. A área da gengiva atrás do dente mais afetado parecia um pouco inchada. Acordei e me senti ótima, e lembrei-me da experiência. Achei que talvez fossem Deus e os anjos que começa-

vam a cura. Agradeci-lhes, caso fosse isso, e pedi, por favor, que me dessem um sinal.

Acabei por adormecer de novo agarrada com força aos cristais de quartzo rosa transparente – mantinha-os na mão o tempo todo, de qualquer modo. Então tive um sonho em que me visitava o Arcanjo Miguel, com várias mensagens, a maior parte relacionada ao meu pai, com quem não falo devido a desentendimentos na infância. Um deles me retorna muito agora, e me pergunto se é hora de reunir forças, falar com meu pai sobre o que aconteceu e obter alguma paz. Senti ainda que a cura começara no meu dente mais uma vez durante o estado de sonho, também.

Isso jamais me aconteceu antes. Recebo visões de vez em quando, mas nunca passei por uma experiência como essa antes".

Ocorreu comigo um caso semelhante, e, embora em retrospecto tivesse alguns aspectos muito divertidos, também me ensinou algumas lições valiosas quando se trata de energia positiva e de como é difícil consegui-la em casos de dor. Também me ensinou que ser positiva, independentemente da provocação, é na verdade a única forma de *ser*.

Tony e eu havíamos decidido levar nosso *motohome* recém--adquirido de Somerset a Lake District. Íamos fazer a viagem em três estágios, parar em três acampamentos diferentes, e depois chegar a Lake Windermere a tempo de encontrar o irmão e a cunhada de Tony e passar alguns dias com eles. Na última noite antes de partirmos, acordei com dor de dente, a pior que já tive. Tão intensa que toda a boca doía e era difícil decidir qual dente causava o problema. Mas me enchi de intenção positiva e disse a mim mesma que a dor iria embora. Não queria mesmo estragar nem atrasar as férias. Também tomei alguns analgésicos e de manhã a dor sumira. No dia seguinte partimos, mas me sentia muito tensa e me permitira perder tempo pensando:"e se" a dor retornar? Após algumas horas na estrada, minha profecia fadada a cumprir-se se realizou: a dor começou a voltar. Tony propôs retornarmos para casa, mas isso arruinaria as férias e decepcionaria a família dele, então me fortaleci e disse que tomaria mais analgésicos; se a dor não diminuísse, poderíamos encontrar um dentista mais tarde na viagem.

Na segunda noite a dor abrandou e continuamos em frente. O segundo acampamento era um daqueles em que a gente nunca sabe o que vai encontrar, mas uma coisa que com certeza não esperávamos foi ver que bem atrás de nosso declive um JCB (espécie de escavadora) ia trabalhar o dia inteiro, de um lado para o outro, sem parar, transportando cargas de terra. Além de muito irritante, não era de modo algum o lugar pelo que pagamos. Devo admitir que isso me deixou de péssimo humor e fiquei bastante irada. Continuava irada no dia seguinte e, como era de esperar, a meio caminho de Southport a dor de dente retornou com toda a força. Uma daquelas que, espero, você nunca tenha sentido e jamais sentirá, quando a gente não pode se mexer, falar ou pensar; apenas existir. Naturalmente, isso me fez sentir mais negativa, e, quanto mais negativa, óbvio, mais piorava a dor.

Claro, tinha de ser um feriado nacional de segunda-feira, quando todos os dentistas haviam fechado as portas. Tony ligou para um número de emergência e nos disseram que um numa cidade próxima reabriria o consultório por 175£! Bem, eu nada podia fazer, não conseguiria aguentar mais uma noite e um dia com a dor, por isso aceitamos. A recepcionista me disse que a cidade ficava a uns oito quilômetros, assim decidimos que eu devia tomar um táxi. Tony ficaria na motocasa com nosso cachorro, KC. Parecia mais fácil fazer assim do que todos os três circularem por uma cidade estranha à procura do consultório do dentista e estacionar o veículo grande. Além disso, claro que um motorista de táxi local conheceria o caminho, não?

O motorista chegou dez minutos atrasado. Entrei e disparamos. Literalmente. Fiquei com o humor sombrio ao ver como ele dirigia de forma perigosa, rápido e colado a cinco centímetros do carro da frente nos vários primeiros quilômetros. Então ele se virou para trás e me perguntou:

– Sabe o caminho?

Claro que respondi "não", em termos categóricos, sentindo-me cada vez mais negativa, e passamos os dois apavorantes quilômetros seguintes com ele dirigindo apenas com uma das mãos e tentando olhar um mapa de ruas na outra. Após algum tempo despertei do estupor de autocomiseração e perguntei:

– A que distância fica esse lugar?

Sentia que mesmo aquele estado induzido pela dor não podia explicar o tempo que levávamos para percorrer oito quilômetros.

– Uns 24 quilômetros – veio a resposta.

Então eu tinha três problemas: a dor, se chegaria a tempo de encontrar o dentista e quanto ia custar a corrida de táxi agora, três vezes a distância esperada. Levava comigo apenas 20£. Mais pensamentos negativos. Durante toda a viagem jamais me ocorrera que talvez viessem me mostrando que eu podia na verdade criar minha própria realidade, e que pensamentos negativos atraem resultados negativos. Também não pensei na possibilidade de meus anjos, que sem a menor dúvida se dispunham a ajudar e o haviam feito duas vezes, não poderiam chegar a lugar algum perto da minha aura negativa.

Saímos numa rodovia de pista dupla muito movimentada. O motorista começou a presentear-me com relatos minuciosos da última visita a um dentista que de fato você não quer saber quando está a caminho de um! Ao perceber o erro, mudou de assunto e começou a gabar-se de que ficara sem diesel na noite anterior no táxi e o enchera com óleo vegetal direto de uma loja que vende peixe cozido e batatas fritas. Sentia-se muito orgulhoso por ter economizado ao fazê-lo. Eu já afundara tanto no poço do desespero que mal registrava o que o homem dizia. As palavras mal lhe saíram da boca, porém, quando o táxi deu uma engasgada, depois outra, e começou a diminuir a velocidade. Ai, meu Deus...

Paramos na estrada movimentada e perigosa, em meio a uma sinfonia de buzinas de outros motoristas. O motorista apoiou a cabeça nas mãos por um breve instante, desceu do carro e o contornou até a traseira. Olhei incrédula pela janela e vi-o tentar pegar carona com o polegar erguido! Ia me largar ali! Saltei do carro enquanto telefonava a Tony do celular para dizer que encalhara no acostamento e pedia uma carona. Fez-se um silêncio aturdido quando lhe pedi que tentasse ligar para o dentista e dissesse que eu ainda estava a caminho!

Nesse momento, um pequeno sedã parou junto ao motorista.

– Eu lhe darei 10£ para me levar até uma oficina – ele anunciou à família no carro.

Já havia quatro pessoas no carro minúsculo, então eu não sabia onde ele ia sentar-se, mas o sujeito forçou a entrada de algum modo. Avancei um passo, pois o choque com as ações do taxista dava-me um sentimento agressivo, e disse:

– Eu lhe darei 10£ para levar-me ao dentista!

A família no carro era de Bons Samaritanos e também em óbvia necessidade desse bônus de 20£; assim, todos se ajeitaram, espremi-me no banco de trás com a esposa, o filho adolescente e um bebê. O marido e a mulher não pararam de falar o trajeto todo. O filho, por sua vez, encarava resoluto a frente, sem dizer uma única palavra. Passei a achar que era um robô, ou que talvez estava assustado demais com a cadeia de eventos para entender o que acontecia. Diverti-me um pouco com minhas ideias, e a positividade via uma fresta de luz no fim do túnel. O carro partiu com esforço, sobrecarregado, os freios fazendo aquela coisa escorregadia ruidosa toda vez que contornávamos uma esquina, o que me sugeriu a sério que não devia ter passado por uma recente vistoria. Meu ânimo se elevou um pouco mais ao avançarmos na estrada, mas eu não tinha a menor ideia se chegaríamos a encontrar o dentista. A ideia de perdê-lo agora era muito para suportar.

Claro que ninguém no carro sabia de fato aonde íamos, e a situação parecia desanimadora. Por fim, fiz o que devia ter feito antes: concentrei-me, bani os pensamentos negativos e a dor e pedi ajuda aos anjos. Segundos depois, passávamos por uma idosa que caminhava sozinha, e eu simplesmente soube que ela era minha resposta. Gritei acima da conversa:

– Pergunte a ela!

Acabamos por constatar que estávamos a uma esquina do consultório do dentista. Oba! Entreguei muito feliz as 10£ e, momentos depois, fui deixada diante de um prédio com uma plaqueta de metal onde se lia o nome – mas sem ninguém lá. Vi meus bons samaritanos partirem. Senti o coração afundar mais um pouco quando tornei a mergulhar num abismo negativo. Achara que começava enfim a obter alguma ajuda. Perdera a hora, afinal? Então um carro parou, mas eu continuava a sentir-me uma pobre coitada. Um homem e uma mulher com um bebê no colo desceram. O homem, de fato o dentista, disse:

– Lamento muitíssimo, mas acabei de perceber que deixei as chaves do consultório no carro de minha mulher, e viemos no meu. Moro a 45 minutos daqui. Terei de voltar para buscar as chaves.

Pronto. O fim. Desatei a rir. Não pude evitar. A situação se tornara tão medonha que não me restara outra opção senão rir. Todos me olharam incrédulos, até o bebê.

Foi como a dissipação de uma nuvem. A risada gerou uma torrente de energia positiva e, por fim, o dia voltou-se a meu favor. O dentista se deu conta de que em vez de dirigir até em casa podia ir à casa do sócio, bem perto dali. A dor de repente se distanciou. Continuava presente, mas afastada, e nem a última piadinha na farsa me importunou – quando entramos, encontramos a eletricidade desligada. Mas, enfim, com o dente tratado, tinha apenas de encontrar o caminho do acampamento, e com certeza não me atraía a ideia de enfrentar outro táxi. Claro que a essa altura os anjos me acompanhavam, e o dentista logo me ofereceu uma carona até a estação. Um adorável trenzinho levou-me de volta a Southport, e uma corrida de táxi muito breve me fez retornar ao acampamento, onde Tony e KC me esperavam ansiosos.

Só mais tarde, ao pensar em tudo isso, compreendi que fora uma verdadeira montanha-russa de estados de espírito negativos e positivos, as coisas adequadas ruins e boas aconteciam e coincidiam direto com elas. Aprendi uma valiosa lição: por mais impossível que tudo pareça, a energia positiva *pode fazer* e fará a diferença. Tony, KC e eu fomos a Lake District sem mais incidentes, e aproveitamos o resto das férias.

Anjos que impedem acidentes

Esta veio de Lindy:

"Sei que tenho meu anjo da guarda em volta o tempo todo e ele zela por mim a ponto de adotar uma compla-

cência muito descuidada ao dirigir. Um dia, indo para casa, precisei dobrar uma curva à esquerda numa rua transversal. As pessoas não habituadas com o bairro residencial onde me criei não percebem que há dois cruzamentos de rua bem diante de uma junção em T, e em várias ocasiões vi duas escapadas por um triz entre veículos. Enquanto dirigia, cantava junto com o rádio, sem prestar atenção alguma à estrada e, além disso, seguia muito rápido. De repente, ouvi uma voz dizer 'Pare!' e logo freei. Acabava de contornar a esquina cega e, ao fazê-lo, vi diante de mim, prestes a cruzar o caminho, um carro dirigido por uma motorista experiente. A mulher também parou, e por um instante ficamos ali nos olhando, depois lhe acenei para atravessar, pois ela tinha preferência. Senti calafrios e agradeci a meu anjo, porque, se ele não tivesse me mandado parar, eu teria atingido a lateral do carro.

Ocorreram-me vários casos em que, ao dirigir, ouvi uma voz mandar-me diminuir a velocidade, trocar de pista, parar etc., e se não a ouvisse teria sofrido um acidente. Até uma clarividente há alguns anos me disse que eu devia prestar mais atenção quando dirigisse, pois meu anjo começava a ficar cansado de zelar por mim e um dia se fartaria! Que revelação!!!"

Lynn enviou-me o relato seguinte de como os anjos intervieram e salvaram-na de um desastre de carro.

"Eu tinha 16 anos na época e ia sair com um cara que fazia parte da RAAF [sigla em inglês de Real Força Aérea Australiana]. O melhor amigo dele, também um 'raffy', morava um pouco adiante de minha casa. Meu namorado

vinha de uma base em Sydney e ia viajar muito para sair com o melhor amigo, baseado aqui na área de Newcastle. De fato, antes de mais nada, foi assim que conheci meu namorado, Gary (mais tarde me casei com ele, mas o perdi num acidente três anos depois de nos casarmos, grávida de oito meses). O melhor amigo dele chamava-se Dave, e sua namorada, Robyn, que vinha de uma cidade no litoral. Era época de Páscoa, e realizava-se o Sydney Royal Easter Show, o maior evento anual da Austrália, que ocorre na semana da Páscoa; então Dave, Gary e eu íamos direto até a cidade de Robyn para fazer uma viagem de carro com ela de lá até o festival de Sydney.

Minha mãe ficou um pouco preocupada, mas acabou por me deixar ir. Afinal, todos prontos, partimos de casa e fomos a um posto de gasolina em meu bairro abastecer o carro para a viagem até a casa de Robyn, que ficava a uma hora e meia de distância.

Sentada no banco de trás à espera de os garotos voltarem, sentia-me meio estranha. Era conhecida por ter essas sensações, e ali sentada dizia a mim mesma: 'Tudo bem. Temos dinheiro, comida, combustível, tudo ótimo, vai dar tudo certo'. Então fui prender o cinto de segurança quando eles retornaram ao carro, mas, quando ia fazê-lo, uma voz masculina dentro da minha cabeça disse: 'Não o ponha', o que era muito estranho, pois nos incutem o uso desses cintos. Porém, quando ouvimos algo assim, alguém que nos fala dentro da cabeça, é melhor não deixar de obedecer!

Sentia-me inquieta então, e pareceu tão estranho ter ouvido aquela voz... De qualquer modo, os garotos voltaram, mantive o cinto solto, o que me pareceu meio errado, e lá fomos nós. Tudo transcorria de forma normal, mas eu me sentia ansiosa, só queria chegar e ficar segura, pois a sensação estranha que vinha tendo começava a piorar.

Íamos atravessar um lugar chamado Raymond Terrace, e logo na saída dali, onde recomeçava a via expressa, havia o que chamavam de 'quilômetros loucos'. Chamavam-se assim porque, tão logo passávamos a saída de Raymond Terrace, abria-se a rodovia e todo mundo costumava apenas 'correr, correr, correr'! Como era Páscoa, o tráfego na direção contrária, para Newcastle, avançava incrivelmente pesado. Seguíamos para o norte, mas o tráfego no sentido sul era para-choque contra para-choque; muito, muito pesado, mas ainda se movia em ritmo decente. Eu fumava na época; como me sentia nervosa, peguei um cigarro e ia acendê-lo quando tive a sensação de uma incrível força para não fazer isso. Não ouvi vozes desta vez, mas bem poderia, pois a força que me detinha não era a minha. Larguei o cigarro e comecei a ficar apavorada mesmo, pois muitos caminhões vinham na direção contrária; toda vez que passava um, eu me encolhia de medo.

Estava estressada. Então, de repente, Gary gritou a Dave apontando a frente do carro. Conseguiu dizer apenas: 'Cuidado com o...!'.

Então tudo que eu soube foi que houve uma imensa trituração, uma virada, uma guinada, e terminamos rodopiando pela estrada na capota do carro, de cabeça para baixo. As pessoas que estiveram à beira da morte às vezes dizem: 'Vi minha vida passar diante dos olhos.' Bem, de fato vi, e foi incrível! Enquanto caía aos trancos na parte de trás do carro, sem cinto de segurança, vi a vida passar diante dos olhos, desde quando era bebê até o lugar em que estava agora. Era como ver negativos de uma câmera *antiga; cada chapa tinha uma foto diferente, com todos aqueles furos acima e abaixo, para prendê-la na câmera. Exatamente assim, e cada chapa tinha uma diferente parte da vida, todas deslizando com muita suavidade diante dos olhos. Sei que isso parece estranho, mas foi o que vi. Muito interessante, na verdade!*

O carro afinal parou. Gary conseguiu saltar; eu o ouvia, parecia muito nervoso ao tentar fazer as pessoas que se aglomeraram em volta apagarem os cigarros, porque havia um tanque inteiro cheio de gasolina derramando pra todo lado. Dave e eu ficamos presos no carro, ele com ferimentos muito graves. Continuei espremida no minúsculo espaço amassado atrás e não consegui sair. Por sorte não acendera aquele cigarro. A gente estremece só de imaginar o que teria acontecido se o tivesse acendido.

Acontece que um jovem de 16 anos, que tirara carteira de motociclista apenas duas semanas antes, vinha dirigindo uma 650CC Yamaha novinha em folha e decidiu descer para o litoral, sentido oposto ao nosso. Viajava com um amigo que ficara bem atrás e dirigia a uma velocidade muito mais sensata. O imprudente da Yamaha cortava e costurava outros carros nas ultrapassagens por todo o percurso, corria riscos, segundo contou o amigo. Então saiu de trás de uma grande carreta (daí meu medo delas no caminho) e chocou-se direto de frente com nosso carro, no lado do motorista, que, por sua vez, empurrou-nos de encontro à carreta, depois nos fez sair girando pela estrada abaixo. O teto do carro ficou tão danificado e esmagado que se deslocou para a direita. Gary teve um dos dedos da mão amassado na estrada quando tentava, com toda a força, manter o teto no lugar. Se estivesse usando o cinto de segurança, eu teria morrido. Em vez de ser atirada de um lado para outro, minha cabeça teria colidido com a estrada e se esfolado enquanto derrapávamos capotados! Mas, por estar sem ele, fora arremessada para o meio do banco de trás, onde fiquei em relativa segurança (contanto que o cigarro que eu quisera acender não tivesse ateado fogo à gasolina).

O motoqueiro de 16 anos morreu, grande tristeza, e o amigo ficou devastado. Foi então que nos contou que ele cortava, costurava outros carros e corria risco como um louco.

Mais tarde fizemos fotos do carro assim que o levaram para o depósito de sucata, e nossos amigos queriam vir dar uma olhada também. Fora simplesmente aberto pela moto e pelo caminhão como uma lata, e ficara tão esmagado e quebrado que ninguém acreditava que qualquer um de nós saíra vivo. Não havia espaço para sobrevivermos naquele carro, mas o fizemos com a graça de Deus e com a imensa ajuda de nossos amados anjos e guias. Agrada-me pensar que foi o Arcanjo Miguel quem falou comigo naquela noite. Adoraria poder ter certeza".

Des enviou-me este relato de um anjo que, sem a menor dúvida, parece ter usado um pássaro para salvar-lhe a vida.

"Há uns oito anos recebemos na Irlanda a visita de membros da família dos Estados Unidos.

Passaram três semanas em Derry, a uns 240 quilômetros de Dublin. Quando chegou a hora de retornarem aos EUA, como eram 12 pessoas, precisamos de três carros para transportá-los de volta ao aeroporto de Dublin. O voo partiria da capital irlandesa naquela manhã às 9h, e tivemos de pegar a estrada por volta das 3h30 da madrugada.

Estávamos a pouco mais de 40 quilômetros de Dublin, e tudo parecia dentro do horário. Eu dirigia o carro do meio, de um comboio de três. Muito exausta, devo ter adormecido de repente. Quase no mesmo instante, fui acordada pelo ruído de uma alta pancada no para-brisa. Abri de estalo os olhos e vi um pássaro colhido nos limpadores do vidro. Enfiei o pé no freio e mal e mal consegui diminuir a velocidade, recuperar o controle e parar no acostamento.

O terceiro carro do grupo logo parou atrás de mim; quando o motorista chegou a nós, disse ter pensado de fato que todos partiríamos desta para melhor, pois meu carro viajava a toda em diagonal pela estrada, direto para um renque de árvores. Se não fosse por aquele pássaro, teríamos, no mínimo, sofrido graves ferimentos, pois eu dirigia a uns 100 quilômetros por hora. Percebi então que os quatro passageiros no carro também haviam cochilado.

Em todos esses anos que dirijo e desde aquele incidente, acho que nunca vi um pássaro voar ao encontro do para-brisa, muito menos atingi-lo e emaranhar-se nos limpadores. Também isso aconteceu às 5h da manhã, quando a gente, de qualquer modo, não esperaria ver pássaros voando. Trata-se de um relato completo e honesto de um incidente que me aconteceu, e creio que meu anjo da guarda estava ali naquela noite".

Os anjos protetores dos muito jovens ou fracos

Eu já disse que os anjos ajudam a todos, não importa a idade, e recebo com frequência pais enlutados em busca de apoio após a perda de um filho ou bebê, o que sempre consiste, claro, em terrível tragédia e trauma. Por isso, tive muito prazer em conversar com Ann, que me contou esta história maravilhosa.

"*Deitada na cama junto ao meu marido, no escuro, apenas uma luz fraquinha entrava através das cortinas. Apoiei as mãos esparramadas na barriga e deliciei-me com a vida que sentia dentro de mim. Com 24 semanas de gravidez do segundo filho, sentia-me muito feliz. Vinha tentando ter um bebê fazia algum tempo, e ansiava por essa sensação. Então, de repente, tudo mudou. Alguma coisa me deixou cônscia de uma presença ao lado da cama e abri os olhos, mas foi só o que consegui. Para meu terror, dei-me conta de que não podia sequer me mexer, embora tentasse com grande esforço. Fiquei realmente apavorada, porque ao lado da cama havia um homem, vestido de forma muito estranha, capa de chuva com cinto de fivela e um chapéu de feltro puxado bem baixo sobre o rosto. O jeito de vestir-se me lembrava um detetive particular de filme antigo. Senti o pânico aumentar quando tentei me mexer e sentar, mas não consegui. Aquilo me deixou paralisada, o corpo não respondia a nada que eu mandava. Forcei os olhos e dirigi-os ao lado para ver meu marido, que permanecia adormecido. O homem apenas ficou ali parado, olhava-me de cima, e, embora não conseguisse ver seu rosto, julguei-o do tipo bondoso, pois me senti muito calma de repente. Estranho, porque a intuição me dizia que ele tinha algo a ver com o bebê. Continuei ali deitada, imóvel, quando o homem me estendeu os braços. Quando menos esperava, amanheceu; quase no mesmo instante minha bolsa-d'água se rompeu, antes da hora, e perdi o bebê. O homem de chapéu de feltro continuou a retornar-me à mente, e eu não podia deixar de achar que, de algum modo, ele se relacionava a isso.*

Sofri horrores, claro, com a perda do bebê, mas tornei a engravidar de novo um ano depois e logo completava mais uma vez 24 semanas. Uma noite, o mesmo homem reapareceu ao lado da cama. Mais uma vez, não pude me mexer, e entrei em grande desespero, pois sabia que ele vinha tomar-me mais uma vez o bebê. Foi realmente estranho, porém, porque, embora a ideia de perder outro filho me deixasse desesperada, continuava a sentir a calma latente do homem, como se o que ia acontecer se destinasse a acontecer e eu não devesse combatê-lo. Ao despertar no dia seguinte, preparei-me para o pior. Mais uma vez perdi o bebê, da mesma forma que antes, só que agora já esperava.

Desnecessário dizer que tudo o que acontecera me deixou arrasada e angustiou-me ao extremo, mas sentia que o homem de chapéu zelava pelos meus bebês. Sentia que, em vez de roubá-los, ele vinha de algum modo transmitir-me uma advertência e também um reconforto de que os esperava para cuidar deles. Passei um ano péssimo, mas tornei a engravidar, e, dessa vez, deram-me um ponto no colo do útero para segurar o bebê quando chegasse a um determinado peso.

Naturalmente, com a aproximação das 24 semanas fiquei muito apavorada. Pisava em ovos e me sentia como uma bomba-relógio. Uma noite, enquanto dormia, acordou-me uma coisa que só posso descrever como um brilho laranja. A princípio, pensei: 'Ai, não! De novo, não!'. Mas então percebi que dessa vez era diferente. Em vez do homem com chapéu, havia apenas um brilho suave ao lado da cama. Tentei acordar meu marido, mas ele não se mexeu. A luz aumentou e uma deliciosa e cálida sensação de paz e serenidade emanou do centro. Quando a luz ficou maior, vi no meio o que só posso descrever como um lindo rosto sorridente. Parecia encher o quarto, e então vi o contorno do que chamaria um anjo, com asas grandes, vestido como eu imaginava que devia ser um anjo.

Esse anjo pareceu pairar em pleno ar, e ouvi as palavras: 'Está tudo bem, vai dar tudo certo', e depois desapareceu. Fiquei muito comovida e simplesmente soube que ia ter o bebê e tudo ficaria bem, como dissera o anjo. Alex, meu filho, nasceu prematuro após 32 semanas de gravidez, porém jamais senti um momento de medo ou dúvida de que sobreviveria, como sobreviveu.

A nota de rodapé interessante desta história é que, quando eu falava aos outros sobre a experiência num workshop, duas pessoas disseram que haviam perdido bebês e visto o homem de chapéu ao lado da cama pouco antes de isso acontecer. Descreveram-no com toda a exatidão! Em retrospecto, todas sentíamos que se tratava de algum tipo de anjo que vinha cuidar de bebês perdidos".

Espero que essa história ajude as mães e os pais que perderam seus pequeninos a verem que nenhuma alma jamais se perde ou é abandonada de fato. O admirável relato também me confirma a teoria de que o mesmo bebê vai retornar com frequência várias vezes, para que o percam de novo, apenas porque sempre passarão por tempos difíceis se nascerem vivos, e essas "repetições" constituem o meio de fortalecer a ligação com os pais tanto na alma como no corpo, para que afinal sobrevivam ao processo e nasçam saudáveis. Essa história também é importante por demonstrar como os anjos podem aparecer numa imensa variedade de formas.

Anjos que ajudam quando um ente amado precisa nos deixar

Os anjos da guarda entram em nossas vidas a qualquer hora, porém muitas vezes o primeiro contato constitui grande mudança e reviravolta, às vezes tristeza que evolui para uma dádiva. Assim aconteceu com Laura Lyn:

> "*Numa noite de verão, papai levou-me a uma comemoração do Dia da Recordação (dedicado à memória dos combatentes mortos durante as guerras mundiais na Comunidade Britânica) perto de um grande lago. Preparou-me de antemão para todo o barulho e balbúrdia dos fogos de artifício. Disse que cada 'estrondo' e cor linda representavam um anjo, e, quanto maior o 'bum', mais próximo o anjo. Juntos, contamos as explosões e logo perdemos a conta. O barulho continuou e fiquei hipnotizada pelas erupções de luz contra o céu escuro e o reflexo das luzes brilhantes no lago.*
>
> *Eu tinha a visão mental de um anjo para cada esplêndida exibição no céu e outro para o reflexo no lago. Após o grand finale, papai me abraçou e disse: 'Mais de 10 mil anjos ao seu lado sempre estarão com você'.*
>
> *A primeira vez que vi meu guardião estava deitada na cama junto à minha irmã. Lembro que me deleitava no contentamento dos vários dias anteriores que passei com meus avós. Olhava para o teto e um brilho arroxeado no canto direito atraiu-me o olhar. Senti reconforto e paz instantâneos, e logo percebi: era meu anjo. Absorvi o máximo de energia possível que consegui reunir. Cantei com os lábios fechados, e ouvi uma vibração aguda ressoar de volta. Imaginei que mantínhamos uma adorável comunicação um com o outro.*

Procurava à noite esse brilho maravilhoso e sentia-me meio decepcionada se não obtinha a visão. Numa dessas vezes, o brilho intensificou-se, ficou mais brilhante e se revelou, cada vez mais, maior e luminoso. O anjo tinha o que parecia ser, a meus olhos infantis, um vestido de casamento luminoso, rodeado de matizes arroxeados, azuis e lilás-azulados. Vi, estupefata, o brilho transformar-se num anjo e encher o quarto todo. Senti-me muito reconfortada, como envolta numa aconchegante manta superacolchoada. Quando o anjo feminino se revelou, não consegui ver o rosto, mas sim dois lindos olhos de cor azul-cristal, nos quais cintilavam raios de luz.

Trazia uma mensagem sombria, e informou-me de que meu avô logo iria embora. Assenti com a cabeça e aceitei a mensagem. Para mim, 'ir embora' significa partir numa viagem. O anjo prometeu que sempre ficaria comigo. Duas semanas depois meu avô morreu, e desse dia em diante minha vida mudou para sempre.

Meus anjos têm me ajudado a vida toda com mensagens para outras pessoas. Sou grata a papai por trazer-me a luz deles".

A história seguinte vem de Linda, e demonstra como os anjos muitas vezes nos permitem vislumbres do mundo espiritual em ocasiões nas quais, de fato, precisamos nos despedir de alguém, sem poder ficar pessoalmente ao lado dessa pessoa:

"Eu chegara de Norfolk após visitar meus pais na casa deles em Maidenhead. Sozinha em casa com meu bebê, Simon, ocupava-me em trocar-lhe a fralda, num dia normal, brilhante, quando a campainha da porta da frente tocou.

Com as mãos cheias, não podia deixar meu filho sozinho na mesa sem uma precaução para que não caísse; então gritei ao visitante e pedi-lhe, por favor, que esperasse alguns instantes. Depois prendi a fralda limpa em Simon, instalei-o em segurança no carrinho e fui ver quem tocava a campainha. Cheguei à porta da frente e abri-a, no momento exato de ver a inconfundível figura de meu sogro virar o canto no fim do acesso de saibro para carros e desaparecer atrás de uma alta sebe. Ia gritar o nome dele e correr atrás, quando parei de modo repentino. A completa improbabilidade e a impossibilidade da situação impressionaram-me.

Meu sogro, Jack Hutchinson, era um ex-policial genial, de coração aberto, e em muitos aspectos o oposto total do filho ressentido, então meu marido, Daniel. Jack e eu havíamos ficado muito próximos durante meu casamento com o filho (que acabou por fracassar), e eu gostava muito dele.

O motivo que me deteve, chocada, na porta da frente naquele dia, em vez de chamá-lo e correr atrás dele, foi saber que ele sofria, em Norfolk, de um câncer pulmonar terminal, com Dan ao lado. Não havia possibilidade alguma de Jack ter aparecido em Maidenhead, a mais de 300 quilômetros de distância.

Logo depois Dan telefonou para dizer que o pai falecera, e eu soube que o querido Jack viera despedir-se de mim".

Esta história de incrível beleza vem de Tricia:

"Mamãe perdeu meu irmãozinho, Toby, quando ele tinha apenas um ano e cinco meses, há 35 anos. Temporão, nasceu quando ela entrara na faixa dos 40 e eu fizera 20. Minha mãe encontrou Toby imóvel e sem vida uma ma-

nhã. Foi uma morte de berço, mas isso em nada a tornava mais fácil. Ele vivia doentinho desde que nascera, muito prematuro, mas isso tampouco ajudava. À noite, eu a ouvia chorar e papai tentava consolá-la. Achei que mamãe ia desesperar-se e também morrer com o sofrimento da perda. Sentia-se muito culpada e dizia aos prantos que ele agora ficara sozinho, e ela precisava saber se o bebê passava bem.

Muito deprimida um dia, contou-me que na noite em que ele morrera alguma coisa a acordara – talvez Toby houvesse feito um barulho, ela vivia muito sonolenta para saber ao certo. Disse acreditar ter visto a figura iluminada de um homem parado no canto do quarto. Ele estendeu-lhe a mão e sorriu pesaroso. Ela achou que a aparição carregava uma pequena trouxa nos braços. Tornara a adormecer enquanto o via, e pensou depois que fora um sonho. Após os acontecimentos do dia seguinte, porém, achou que um anjo viera avisá-la que Toby adoecera, e ela o ignorara. Por isso se sentia tão culpada. Que tipo de mãe, perguntava, ignoraria um anjo que tentava avisá-la para verificar se o bebê passava bem? Tentei consolá-la, mas não funcionou. Ela jamais contou ao papai, talvez porque temesse que ele a culparia também.

Então aconteceu algo, logo depois do enterro, quando tivéramos de ver baixar aquele pequeno caixão na terra. Mamãe de repente se animou. Continuava triste e chorava bastante, porém eram mais lágrimas derramadas dos olhos que os arquejos histéricos de antes. Por fim, abordei o assunto e perguntei com toda a delicadeza se se sentia melhor. Ela se virou para mim com lágrimas brilhando nos olhos, e alegria, verdadeira alegria, reluzia neles. Disse-me que no enterro olhara do outro lado da sepultura *e vira o mesmo homem da noite anterior, ali parado em plena luz do dia. Ele sorrira e apontara uma árvore atrás de si. Lá na grama à sombra, Toby engatinhava e gorgolejava muito alegre. Mamãe contou que deu um passo, querendo correr até o filho, mas o homem fez que não com a cabeça e formou com a boca as palavras 'Ele vai esperar você'. Com isso, desfez-se o encanto e a aparição sumiu, com meu irmão. Aí me explicou que depois disso sabia que Toby se achava em segurança e era bem cuidado. Tampouco falou a papai a respeito, pois o achava meio cético em relação a esse tipo de coisa. Acho que não queria que ele estragasse tudo e a fizesse duvidar.*

Cinco anos atrás mamãe faleceu de forma bastante inesperada. Na noite anterior, meu pai contou que tivera um sonho estranhíssimo. Embora pensasse que continuava acordado, era impossível, pois viu um jovem parado na porta do quarto, todo iluminado e sorridente. Havia um homem em pé ao lado do rapaz – também iluminado. De manhã esqueceu tudo a respeito, e mamãe sofreu um colapso súbito mais tarde naquele dia. Não teve sequer condições de ir para o hospital.

Naquela noite papai me falou do sonho. Senti que tinha de tentar explicar, e contei-lhe sobre o que acontecera anos antes quando Toby morreu. Disse-lhe que achava que o homem era o anjo que vinha tomando conta de Toby, e o jovem era Toby, pois o primeiro avisara que ele voltaria para mamãe".

Encontrei esse tipo de história antes (algumas se incluem em *Angel Whispers*); parece haver anjos especiais que chegam para recolher bebês prontos a falecer. O homem varia um pouco, mas é semelhante o bastante para as histórias darem credibilidade umas às outras.

ANJOS QUE DE REPENTE INTERVÊM PARA AJUDAR

Mandy é apresentadora de rádio. Num mundo da mídia, em que se deixa o espiritual em local de baixa prioridade ou em que ele não é tratado com tanta seriedade, ela tem todo o direito de sentir-se orgulhosa do fato de apresentar no programa professores espirituais do mundo todo. Isso a obriga a fazer gravações em horários bizarros, pois muitas vezes estão na costa oeste dos Estados Unidos, enquanto o estúdio onde ela trabalha fica no Reino Unido. Para sua grande decepção, os patrões um dia informaram-lhe que não poderia mais fazer tais conexões de rádio entre computadores. Isso a deixou muito mal e bastante humilhada. O chefe nem sempre era a pessoa mais fácil para tratar desse tipo de coisa. Mandy então fez uma de minhas imagens de foco (como instruí em *Angel Whispers*) e sentiu uma imediata mudança de energia. Decidiu tratar a questão em termos filosóficos, e com amável vigor disse ao chefe naquela tarde:

– Então acho que não vou poder fazer minha conexão telefônica das 4h da tarde hoje.

Segundo informação anterior, tinha quase certeza de que a resposta seria negativa, mas, para sua surpresa, o chefe disse:

– Claro que pode, por que não? – e em seguida preparou-a para ela.

Na certa esquecera totalmente a decisão anterior!

Coraline escreveu para contar-me esta história do inesperado anjo salvador:

"*Mamãe me falou a respeito quando eu tinha uns três anos. Levava-me a uma loja de doces a algumas quadras de nossa casa, numa rua movimentada em Tucson, no Arizona. Esperávamos no acostamento para atravessar, e ela diz não saber quando aconteceu, mas de repente soltei a mão e pus-me a correr para a rua. Acho que tinha muita pressa para ganhar algum doce! Mamãe conta que ficou congelada quando passei na frente de alguns carros e os motoristas começaram a pisar fundo nos freios. Viu-me quase chegar ao outro lado da rua e, em seguida, o caminhão que ia me esmagar enquanto eu seguia alheia, com passos incertos. A essa altura, gritava meu nome, mas sabia que jamais me alcançaria a tempo; sentiu-se desesperada ao ver a tragédia desenrolar-se.*

O motorista do caminhão disse depois que nem me viu na estrada, tão pequena e ele tão perto. No momento em que a grade do veículo, no nível da minha cabeça, ia atingir-me, mamãe conta que uma luz ofuscante lampejou acima de mim. Atirou-me ao chão, e o volume do caminhão passou direto acima do corpo. Certa de que eu morrera, mamãe livrou-se da imobilização e atravessou a rua correndo, aos gritos. O motorista do caminhão viu no espelho retrovisor a mulher correr em direção a uma pequena trouxa e freou, afinal. Saltou e correu até nós. A essa altura o tráfego parara em toda parte. Ele encontrou mamãe abraçada a mim, incapaz de falar. Eu saíra totalmente ilesa. Ela não podia acreditar e tampouco o motorista. Até hoje, mamãe diz que um anjo me salvou".

Vários relatos estranhos vieram das trincheiras da Primeira Guerra Mundial. Sei que os anjos não devem ter medido esforços tentando impedir mortes que não deviam ocorrer, pois tenho certeza de que Deus, em sua sabedoria, jamais pretendeu que tantos milhões morressem num ato de homem contra homem. Vários jovens, acocorados na lama das trincheiras, relataram que os aterrorizava a "subida ao topo", e alguns nunca o fizeram. Mais de um contou que de repente viu uma gloriosa figura de luz elevar-se no ar acima dos mortos tombados, e que o chamou com um sinal da mão. Incapazes de resistir, eles arrastaram-se da aparente relativa segurança das trincheiras e correram em direção à figura celestial. Segundos depois, a vala onde se haviam abrigado sofria um ataque direto, e não há dúvida de que, se houvessem permanecido, teriam sido mortos na hora. Esses homens regressaram vivos.

Mesmo assim, ouço pessoas dizerem: "Peço e peço ao meu anjo que me ajude, mas nada acontece". Também se perguntam por que outros conseguem sem ao menos tentar, e no entanto elas tentam e não conseguem. Bem, claro, alguns, como os jovens soldados acima, obtêm ajuda porque não deviam morrer, e algumas pessoas recebem porque são mais abertas e ligadas do que talvez pareçam na superfície. Peço às incrédulas que façam um profundo exame de suas vidas, e quase sempre elas lembram algum incidente, às vezes menor, quando conseguiram *mesmo* uma ajuda inesperada, mas a afastam como uma simples sorte.

Trata-se de uma pequena vantagem inicial, mas, tão logo você começa a acreditar, qualquer coisa é possível. O problema é que muitas vezes deixamos nosso cérebro lógico assumir o comando e interferir, descartando o que vemos como coincidência sem sentido. Assim, na próxima vez que alguma coisa um pouco "estranha" acontecer, anote-a e suspenda a descrença. É verdade mesmo que, quanto mais permitimos as coisinhas nos abrirem a mente e incutir-nos uma sensação de maravilha, mais os anjos podem aparecer e transmitir mais e maiores sinais.

OS ANJOS ESTÃO AÍ PARA SEU PRÓPRIO BEM

"Meu anjo me detesta?", perguntam alguns. Não, claro que não, e de qualquer modo eles achariam impossível compreender o significado de detestar. O que ocorre é que as pessoas se deixam colher numa espiral de desespero descendente quando a vida parece dar errado e desmoronar em toda a volta, até ficarem tão imbuídas de um redemoinho de energia negativa que repelem os anjos como faria um campo magnético oposto. Torna-se impossível para um anjo aproximar-se, quanto mais ajudá-las. Nesses casos, a pessoa na certa começou esse lamentável estado de coisas ao tomar um caminho errado na jornada da vida. O anjo da guarda bateu-lhe uma porta com muita força na cara, na tentativa de levá-la de volta ao caminho certo. Interpreta-se esse caso de forma errônea como "falta de sorte", a pessoa luta contra (e em consequência contra o anjo e o destino) e o período resultante do que parece ser de incrível má sorte continua. Quando isso acontece, o único curso de ação é parar, pensar, entender que você tomou o caminho errado e lançou-se às coisas erradas, aceitar que o respectivo anjo da guarda vem tentando detê-lo para seu próprio bem e olhar em volta à procura de uma abertura alternativa, pois *haverá* uma. Seu anjo jamais o levará para um beco sem saída, portanto, se se vir diante de um, foi você mesmo quem se levou até lá por não prestar atenção e recusar-se a ser conduzido por outro caminho. A saída às vezes é tão simples como meditar e pedir ao anjo que lhe mostre o rumo certo. Os sinais virão.

Capítulo 3
ANJOS DA VIA MESTRA

*Os anjos guiam-nos para nos tornar pessoas espirituais
pelo prazer da coisa... pois a própria vida espiritual tem
grande beleza e verdadeira satisfação, até prazer.
E é disso que a alma precisa.*
Thomas Moore

    Os anjos da via principal são os que podem fazer acontecer mudanças de vida de fato incríveis. Alguns os chamam de arcanjos, mas prefiro meu termo, pois parece combinar mais com eles.

Todos chegamos a esta vida com uma meta, ou talvez várias, e todos temos um propósito e um papel a cumprir, e encontrá-los nos proporciona verdadeira felicidade. A felicidade que vem da realização de nosso objetivo constitui a verdadeira felicidade. Ao contrário da transitória, que temos com posses materiais, não se pode ser retirada de nós, independentemente do que nos ocorre, a alegria que sentimos por estar no lugar certo, aquele que nos destinaram, fazer o certo, aquilo que nos destinaram a fazer. Os anjos da via mestra são os que podem ajudar-nos a encontrar nosso nicho e, por conseguinte, nossa felicidade interior.

A chave para obter ajuda desses anjos é tomar o caminho da menor resistência. Como seres humanos, muitas vezes queremos o que desejamos, e não o que *precisamos*. Ou tendemos a pedir ajuda aos anjos e depois cometer o erro de tentar forçá-los a ajudar-nos a alcançar nossos fins pelo único meio ou na única hora que imaginamos. Essa é a maior causa de problemas quando se trata dos anjos da via mestra.

Eis apenas uma de minhas experiências pessoais que demonstram como isso funciona. Meu marido Tony e eu queríamos nos mudar da cidade em que morávamos por razões de trabalho, passar ao campo, onde sempre nos sentimos à vontade. Vimos o anúncio de um bangalô numa agradável aldeia e achamos que talvez se encaixasse no orçamento. Parecia adorável mesmo. Marcamos um encontro com o corretor. Paramos diante da casa um pouco adiantados, saltamos do carro para olhar em volta. Vista de fora, a casinha parecia perfeita e muito bonita, com venezianas pintadas que acrescentavam um certo charme ao que, sem isso, era uma morada moderna (queríamos moderna dessa vez, após um período passado numa antiga que exigia muito dinheiro para manutenção e drenava recursos financeiros!) e notamos que teríamos uma vista muito agradável do jardim nos fundos. Contudo, eu me senti atraída por mais uma caminhada colina abaixo. Não tinha a menor ideia do motivo, mas segui o caminho da "menor resistência". Fiz o que digo a outras pessoas que façam: "Avancei como uma ovelha e 'segui' a intuição", o que é outra maneira de dizer que ouvi e me ocupei do que me dizia o anjo.

Mais abaixo na colina encontrei outro bangalô com uma placa de corretora na frente. Era menos bonito, pois o haviam pintado com o cinza chocho de encouraçado e a porta da garagem mostarda. Não tinha venezianas, e por isso parecia muito mais simples. Pensei, no lado esquerdo do cérebro, o lógico: *Esta não é tão agradável*. Mas me disseram no lado direito, intuitivo: *É só olhar com mais atenção*. Uma das coisas que realmente queríamos na nova casa era um jardim grande, sobretudo porque temos um cachorro muito cheio de vida. Queríamos um pouco de espaço em volta, ao contrário das áreas de urbanização apertadas da cidade. Sentíamos que em termos espirituais ficaríamos melhor assim. Então, quando olhei por cima do muro o quintal do segundo bangalô (do estacionamento da igreja vizinho), vi um jardim com mais de quatro mil metros quadrados, que se estendia até o córrego na parte de baixo. Apaixonei-me na hora. Pareceu-nos, porém, muito óbvio que aquele bangalô sairia da nossa faixa de preço. Mesmo assim, ouvi a voz, *É só olhar*. Aí, pelo celular, liguei para os agentes na placa e perguntei se podíamos ver a casa dali a meia hora. De modo surpreendente, disseram que podiam mandar alguém com essa rapidez.

Voltamos então ao primeiro bangalô, pois o corretor já chegara, mas confesso que perdera muito do charme para mim àquela altura. Nós o visitamos, por educação, mas pensávamos o tempo todo no outro. Quando nos mostraram afinal o jardim do segundo, Tony e eu ainda não tínhamos a menor ideia do preço, e em silêncio comunicamos um ao outro: *De jeito nenhum podemos comprar este*. Quando o agente nos passou enfim um conjunto de detalhes, vimos que de fato saía uns 20 mil da nossa faixa, mesmo que conseguíssemos um bom preço pela nossa casa velha na cidade. Dizer que nos apaixonamos pelo bangalô e aquela idílica localização seria meia-verdade. Adorei o jardim de inverno, onde se podia sentar e olhar as plantas embaixo. Amei os pátios elevados que tornavam acessíveis os terraços do jardim. Adorei os quartos espaçosos e a cozinha nada convencional. Amei tudo. Claro que havia a pequena questão da nossa faixa de preço, e de modo algum queríamos uma hipoteca, aliás tiramos isso da cabeça, confiantes em que venderíamos logo a nossa casa por um preço máximo e teríamos condições de comprar a do nosso sonho. Um mês e meio depois, não tínhamos recebido sequer uma oferta. Eu ouvia meu anjo, prestava atenção e reagia; mesmo assim de modo algum a vendíamos, e chegara o telefonema devastador que tanto temíamos, dizendo-nos que o bangalô pelo qual nos decidíramos fora vendido.

O tempo passava, tínhamos pouco interesse por nossa casa, e muito pouco pela procura de outras à venda. De que brincava meu anjo? É a isso que me refiro quando digo que tendemos a ter fantasias limitadas sobre como e quando, e as melhores formas de os anjos nos ajudarem. Não entendíamos por que não aparecera um comprador a tempo. Sem dúvida teria valido a pena aceitar uma oferta menor e pegar emprestado o restante, endividar-nos, se isso significasse conseguir aquele bangalô. Era o lugar onde devíamos morar, tínhamos certeza.

Tentamos procurar uma casa tão agradável, mas claro que não a encontrávamos. Pensamos em comprar o primeiro bangalô que havíamos visto naquele dia, mas não podíamos imaginar-nos morando a apenas algumas portas de onde, de fato, queríamos. Muitas pessoas, ao lerem isto, terão sido enviadas a caçadas inúteis por corretores, para constatar que as mandaram a uma propriedade que nada tinha a ver com o que queriam. Após uma visita a um bangalô bastante irritante, com uma fábrica quase no quintal, depois de pedirmos serenidade, vimo-nos no carro de volta à cidade e passamos direto pela casa desejada. Ao fazermos isso, os dois incapazes de resistir a uma olhada desejosa, chegaram-me de repente algumas palavras de meu anjo, que repeti a Tony: "Não se preocupe, ela vai retornar ao mercado".

Terminamos a viagem em alto astral, certos de que tudo se resolveria; pusemos de lado, confiantes, o fato de que ainda não havíamos recebido ofertas pela nossa casa e de que o bangalô era caro demais para nós.

No dia seguinte, recebi um *e-mail* do corretor dizendo que a casa de fato voltara ao mercado. Logo no outro, após meses de espera, conseguimos um comprador. Quando contei ao agente o que acontecera, ele me perguntou a que horas eu falara da mensagem a Tony. Respondi que às três da tarde. O cara ficou estupefato, pois naquela mesma hora recebera o telefonema dizendo que o comprador anterior tivera de retirar a oferta! Não apenas isso, mas, embora não obtivéssemos a quantia exata que queríamos por nossa casa, o vendedor agora estava numa posição em que tinha de mudar-se logo, e, portanto, dispunha-se a aceitar uma oferta abaixo do preço. Assim, nada de fazer um grande empréstimo e assumir uma dívida enorme. Nossos anjos, claro, sabiam disso o tempo todo. Uma das coisas que conversei com Tony depois de nos mudarmos foi o fato extraordinário de que a nova casa não tivera uma série de compradores, o que teria destruído todas as chances de adquiri-la por um preço reduzido.

Desde a mudança para cá, muita coisa boa aconteceu. Portanto, seja um seguidor, não um líder, quando se trata de ajuda angelical assim tão poderosa. Jamais se imaginam as formas como um anjo poderia trabalhar e o caminho que você talvez tenha de tomar para chegar aonde quer na vida. Assim, se as portas se fecham na sua cara, procure uma janela aberta. Os anjos da via mestra sempre lhe darão uma opção. Se em vez disso decidir continuar a dar murro em ponta de faca, tem toda liberdade de fazê-lo, mas a chave é procurar o caminho da menor resistência. Se parece fácil, é porque tem de ser.

Pedir ajuda

A maneira de pedir ajuda a esses anjos é bastante simples. Seja claro, mantenha-a simples, peça exatamente o que quer, mas não faça quaisquer suposições sobre como se deve obter o resultado final. Agradeça, e *solte-se*. Sei que esta última parte é a mais difícil. Temos uma tendência a atormentar os desejos, do mesmo modo como deixamos as preocupações nos afligirem.

Alimente o sonho, guarde-o perto, visualize-o, mas não o azucrine. Confie no universo. Isso é necessário porque, antes de mais nada, sempre podemos saber o que queremos, mas nem sempre o que *precisamos*. O universo e nossos anjos nos darão o melhor resultado para o melhor desfecho. Deixe com eles.

Eis um exemplo de como os anjos da via mestra podem manobrar situações e nos colocar no lugar certo na hora certa, embora não percebamos. Noticiou-se nos Estados Unidos e em jornais do mundo todo que uma mulher do Arizona, Rita van Loenen, teve a vida salva num momento muito bizarro de sincronicidade. Ela ia morrer pela necessidade de um rim. Tinha de fazer viagens ao hospital para submeter-se à diálise, apenas para manter-se viva. Um dia contou a um motorista de táxi, Thomas Chappell, aonde ia e por quê. O Sr. Chappell declarou-se um homem de fé, e que naquele exato momento um poder superior o incitou a fazer uma proposta incrível. Ofereceu a Rita um de seus rins. Explicou que nesse mesmo momento soube que o órgão seria compatível com ela, pois o poder superior assim lhe disse. Para sua grande surpresa, acertou. Não apenas fez a generosa oferta, mas constatou ser do grupo sanguíneo certo e ter um rim compatível. A Sra. Van Loenen declarou: "Há maior probabilidade de ser atingida por um raio. Um motorista de táxi ao acaso me oferece seu rim e todas essas peças se encaixam. Tem de existir algo por trás. Como pode acontecer uma coisa dessas?".

Laurence morava nas ruas quando teve a seguinte experiência com a via mestra:

"Trata-se da verdadeira história que aconteceu comigo uma manhã, quando achei que ia morrer nas ruas. Virou

minha vida pelo avesso. A estrada para ser um sem-teto é surpreendentemente curta. Uma semana, você ignora o aluguel para pagar dívidas de droga, ou se embriaga demais, torra todo o salário, e antes que perceba começam a chegar à porta avisos de despejo. Quando a gente termina sem-teto, parece não haver saída, mas às vezes temos a chance de ouvir uma mensagem diferente.

As luzes da cidade cintilavam no porto escuro que se agigantava lá embaixo. Perguntei-me como seria saltar naquelas águas escuras. Sentiria alguém a minha falta? Quanto tempo levaria, se é que levaria algum, até meu cadáver ir dar em alguma praia ou quebra-mar? Ou seria apenas consumido por um tubarão gigantesco e nunca mais tornaria a ser visto? Essas ideias cruzavam-me a mente. O poder da cidade esfregava sucessos em minha cara e as logomarcas de empresas iluminavam o céu noturno; lembrei-me de quem era e no que me tornara. Um suave zéfiro acariciou-me o rosto, como para reconfortar-me. Segui em frente com esforço sem levá-los em consideração. Dirigi-me à George Street até chegar à estação ferroviária central. Deviam ser quatro da manhã. A cidade mergulhava em silêncio. Continuei e entrei no túnel que liga a Broadway à Liverpool Street. Não se via viva alma. Apenas as ratazanas que viviam na passagem subterrânea continuavam acordadas, e apressavam-se a afastar-se de mim nos bueiros que se estendem de cada lado do túnel. Meus passos ecoavam pelo silêncio interrompido apenas pelo ruído dos ratos.

'Laurence!', gritou uma voz feminina de dentro do silêncio. A única forma de descrever o tom daquele chamado é 'carinhoso'. Como quando alguém que o ama de verdade o acorda de um sono profundo, profundo, para não assustá-lo.

Parei e me virei para ver quem vinha atrás. Ninguém, sequer os ratos! Haviam todos saído correndo com medo de inesperada intrusão humana. Eu teria imaginado coisas. Continuei a andar como se nada houvesse acontecido.

'Laurence!' Dessa vez ouvi a voz mais perto, mais alto e um pouco mais séria, mas ainda amorosa; como para dizer: 'Acorde!' É isso aí.

"Mais uma vez me virei – ainda não se via ninguém. 'Quem está aí? Pare de pregar peças!' Minha voz reverberou pelo túnel todo. Não se ouviu nenhum outro som, nem se teve a visão de outra pessoa. Pus-me a andar com cautela, esperando que alguém saltasse sobre mim. Ouvia com muita atenção meus próprios passos e aguardava o ruído de outra pessoa, enquanto olhava para trás, sem parar, à espera de surpreender o atacante. 'Laurence'. Dessa vez a voz saiu bem junto de mim. Ninguém, apenas o calor e a voz reconfortante do que parecia uma bela mulher; um anjo.

Esse foi o momento decisivo. Após ser sem-teto durante seis anos, iniciei o longo percurso de volta à sociedade, e agora faço do mundo minha ostra".

É interessante o fato de o anjo chamar Laurence pelo nome, pois eles não nos associam a "nomes", como fazemos, apenas leem nossa energia e nos reconhecem a partir dela. Esse é um dos motivos pelos quais digo que os animais às vezes são mais espirituais que os seres humanos. Os bichos não dão nomes uns aos outros, só reconhecem cada um pela energia. Mas, ao estabelecerem comunicação direta conosco, como fez esse anjo com Laurence, entendem que nossos nomes são cruciais para identificar-nos. Reconhecemo-nos mais neles do que em nossa energia, portanto os anjos sabem que às vezes precisam usar os nomes que nos deram para respondermos à comunicação, quando esta ocorre.

Segue-se a história de Winifred:

"Tenho certeza de que vi um anjo uma vez. Atravessava um tempo difícil e rezava, aos prantos. De repente, senti uma força física me fechar os olhos. Foi assustador. Sabia que Deus queria me mostrar alguma coisa. Sentia-me tão insignificante, tão pequena, comparada com este e todos os outros mundos. Compreendia que existia num tempo muitíssimo curto (esta vida) e sentia que éramos crianças brincando na caixa de areia na hora do recreio. É a hora de aproveitarmos a vida.

Bem, em suma, me vi num quarto; não haviam me mostrado, eu estava lá de verdade. Cheio de mulheres e crianças. Temia olhar em volta, pois para mim eles saberiam que eu era uma estranha. Sentia um medo muito real. No entanto, ninguém me notou. Reparei que usavam roupas muito coloridas, sem costuras, e demonstravam grande felicidade. Era um lugar de transição.

Então apareceu um homem no quarto. Alto, cabelos grisalhos e impressionantes olhos azuis. Caminhava em minha direção e, ao se aproximar e ler a pergunta em minha mente, respondeu: 'Sim, sou um anjo. Quer me tocar?'. Muito receosa, de algum modo comuniquei 'Não'.

Quando orava sem parar antes, pedia resposta a uma pergunta difícil. O anjo quis saber: 'Qual era sua pergunta?'. A sensação que tive no mesmo instante foi: 'como são, de fato, insignificantes os meus problemas!'.

Tinha a impressão de que um anjo era um ser extremamente ocupado. Estava em muitíssimos lugares em horas diferentes. Senti-me tão honrada e, ao mesmo tempo, insignificante. Quando ele se curvou para mim, pois era muito alto, os brilhantes olhos azuis embaçaram-se e praticamente vidraram. Soube que aqueles olhos eram mais poderosos do que eu podia aguentar. Fiz a pergunta (pessoal). Ele me deu uma resposta e o conselho mais admirável que eu jamais teria imaginado. Quem dera ser forte o bastante para acatá-lo. Sou espiritualmente fraca.

Depois que me respondeu à pergunta, eu tinha muitas outras, mas temia fazê-las porque me sentia pequena demais perto de um ser tão poderoso. Sabia que o anjo ia embora. Perguntou-me se queria mais alguma coisa. Respondi: 'Sim, posso tocá-lo?'. Tomei-lhe o braço e senti-o muito quente e real. No mesmo instante abri os olhos, e retornei para casa com o braço estendido. Sabia que recebera a melhor dádiva de toda a vida. Fiquei com um sentimento sublime, de extrema felicidade, durante meses, mas, por ser uma pessoa superficial, tornei a encolher-me na superficialidade.

O fator decisivo é que ele usava jeans azul, botas de caubói e um cinto com uma grande fivela. Não estava sob efeito de ácido nem de qualquer coisa. Tampouco adormecida. Todas as vezes que contava a alguém, eu só encontrava céticos. Isso foi há 14 anos. Sei que aconteceu. Adoraria que tornasse a acontecer".

Sinto empatia por Winifred, porque não há a menor dúvida de que, tão logo passamos pela experiência de ficar perto de um anjo, queremos sempre mais. Como poderíamos não querer? Quando tive a experiência real de ver, ouvir e sentir um anjo, naquele momento senti-me tão cheia de vida, tão destemida, tão contente, tão extasiada e tão cheia do amor mais puro que esses sentimentos jamais me abandonaram. Espero que esse anjo retorne a qualquer momento, pois, embora tenha me sustentado por muitos anos e sido meu talismã infalível sempre que me ocorriam quaisquer dúvidas, ainda gostaria de sentir de novo todas essas coisas em tempo real.

George contou-me esta admirável história de como mudou de vida num instante:

"Eu era um moleque de rua, membro de uma gangue. Não direi onde nem quando, porque as gangues têm boa memória e braços ainda mais longos. Costumávamos bater nas pessoas por diversão. Nunca as víamos como gente. Tratava-se da sobrevivência dos mais capazes, pelo que eu sabia. 'Bata nelas antes que batam em você.' Não me orgulho do que fazia, mas fazia. Queria ser aceito, respeitado pela gangue, porque eram meus 'irmãos' e, se não me aceitassem, quem aceitaria? A lei não nos pegava – a única com a qual nos preocupávamos era a da gangue. Não pisávamos nos calos de outra gangue se quiséssemos manter os nossos. Não sei como isso teria terminado se não fosse a mudança. Talvez estivesse morto, na prisão ou aleijado, como fiz com outros. Sempre saíamos em bando.

Eu nunca soube ao certo o que tornou aquela noite diferente. Saí sozinho, não senti medo porque estava bem dentro do território de minha gangue, portanto ninguém – afirmo, ninguém – ia se meter comigo. Nem a lei. Os tiras desviavam de mim.

Houve apenas uma coisa mais estranha do que a saída sozinho – por qualquer motivo, 'ela' também andava sozinha. Não acreditei quando a vi. Devia ter uns 80 anos e puxava um carrinho de compras. Tratava-se de uma parte da cidade barra pesada mesmo. Não era uma catadora de lixo – bem vestida demais, cabelos penteados, maquiagem, apesar da idade. Caminhava altiva por um dos becos mais escuros da quadra. Que fazia ali? Eu não tinha a menor pista, mas de uma coisa sabia: era um roubo lucrativo. Pelo jeito que se vestia, devia ter muito dinheiro vivo na bolsa. Podia simplesmente precipitar-me até lá e agarrá-la. Se ela resistisse, bem, eu tinha o bastão de beisebol, não?

Caminhei direto até a velha; diante dela, agarrei a bolsa pela alça e berrei: 'Passe logo, dona! Largue isto, que eu não...' Para meu espanto, não apenas ela não soltou, mas começou a me dar com o guarda-chuva na cabeça. 'Vaca idiota!', pensei, e ergui o bastão. Juro por Deus que a golpeei com força mesmo, mas, quando o porrete atingiu sua cabeça, foi como se tivesse batido em aço. Vibrou com tanta força que tive de largá-lo. Vi um halo em volta da velha, meio dourado e branco. Como se houvesse um campo de força ou coisa parecida. Passou pela minha cabeça que ela era uma alienígena. Saltei para trás a fim de evitar o guarda-chuva, que não encontrou dificuldade alguma para atravessar o campo de força e golpear-me. Não podia ser uma alienígena. Se fosse, pareceria sobrenatural, usaria uma roupa espacial ou qualquer coisa assim; não seria uma idosa com carrinho de compras! Eu não sabia o que se passava, mas decidi correr. Não valia a luta. Disparei pelo beco e, quando cheguei a uma distância segura, olhei para trás. Não havia velha alguma, apenas uma jovem de manto dourado. Ela me apontou e disse meu nome baixinho, só isso: 'George'. Então a luz e a mulher apenas se foram num brilho cintilante. Desapareceram.

Que podia eu fazer? Não podia contar à gangue. Iam achar que eu estava louco, mas eu sabia o que tinha visto. Não podia contar a ninguém. No dia seguinte me mudei para outra cidade. Com medo, sim, medo da gangue, porque tinha absoluta certeza de que não podia continuar a viver sem rumo como fazíamos, e com medo do que tinha visto. Minha mãe se mudara dois anos antes, acho que para se afastar de mim; fui atrás dela, que concordou em me dar uma segunda chance. Não sei o que vi naquele dia – uma viajante espacial, um anjo ou sei lá o quê –, mas agora sinto que tenho um futuro. Hoje sou voluntário num centro para pessoas como eu era, caras jovens presos numa vida da qual não sabem como sair, e converso com pessoas que me dizem que a mulher era um anjo, enviado para salvar-me. Dizem que devo prosseguir e fazer algo importante com minha vida, que tomara um caminho errado, e ela veio me reconduzir ao certo. Não sei. Veremos".

Não tenho a menor dúvida de que "George" teve uma experiência angelical. Será interessante se conseguir observá-lo de perto e constatar como o rapaz se sai, e o que tinha de tão importante que fez um anjo da via mestra intervir, sem ser chamado, para salvá-lo de si mesmo. Talvez termine como o primeiro ex membro de gangue a tornar-se presidente dos Estados Unidos. Ou talvez seja pai de alguém que mudará o mundo. Ou talvez apenas se revele um filho maravilhoso.

Capítulo 4
ANJOS DA ALMA

Se algum dia desejarmos conhecer os anjos como de fato são... talvez nós é que precisemos primeiro aprender a voar.
Anônimo

Vidas passadas causam impacto na atual? Que são anjos da alma e como podem fazer-nos lembrar quem fomos antes?

Muitas pessoas ficam confusas em relação ao significado exato de *vidas passadas* e *carma*. A crença nisso significa a aceitação de que vivemos antes desta vida em outro corpo, e de que provavelmente iremos viver mais uma vez ao retornar em outro, depois que o nosso atual morrer. O propósito disso é fazer com que nossa alma – parte de nós que nunca morre – aprenda, cresça e evolua, pela experiência de viver o maior número de roteiros e dinâmicas de grupo que vão nos ensinar e expandir a consciência ao longo de várias existências.

Também se compreende errado o conceito de carma. O clássico comentário que demonstra isso é: "Devo ter feito alguma coisa realmente ruim numa vida anterior para ter de viver esta agora!". As pessoas em geral interpretam errado o carma, como um sistema de julgamento segundo o qual retornamos à vida apenas para expiar alguma ação má realizada em outra vida. Não se trata de nada disso. Carma está relacionado a equilíbrio e conhecimento. Se há um desequilíbrio em nossa alma, causado por acontecimentos ou falta de conhecimento, retornaremos preparados para repará-lo e corrigir as omissões. Ambas as coisas poderiam envolver uma vida não muito perfeita ou até desagradável, mas não imposta como punição. Também, muitas vezes, se aprendermos e aceitarmos a lição durante a existência atual, desaparecerá essa necessidade, e a vida melhorará. Se adquirirmos e aceitarmos o conhecimento, não precisaremos mais da lição e a pressão cessará.

Pessoas perguntam o que acontece depois que vivemos todas as vidas neste plano. Não tinha uma resposta, mas agora tenho. Com o tempo, a alma afinal aprenderá e se equilibrará o bastante para avançar até o estágio seguinte, uma reabsorção permanente na raiz, angelical, como explicarei num instante.

A CENTELHA DE UM ANJO

A história da minha vida passada foi bem documentada, e o conceito de anjos da alma foi explicado em meu livro *Soul Angels* [Anjos da alma]. Trata-se de seres angelicais que se expõem para demonstrar com mais facilidade que cada um de nós tem mesmo anjos aos quais apelar. Não pode haver dúvida, porque os anjos da alma são os mais próximos quando se tenta o despertar espiritual, e mais ainda porque a alma *é na verdade uma centelha de um anjo da alma*. De fato, nós *somos* anjos da alma, e *eles*, nós. Cria-se a alma de uma pessoa do fragmento da energia de um anjo da alma, e por isso esse anjo existe com a gente desde o momento em que a alma não passava de uma centelha em branco no chão até hoje.

Um anjo da alma acompanhou-o por todas as suas existências, e entre elas também. É um amigo com quem você conversou sobre a vida anterior toda vez que esta terminou, e que o guiou ajudando-o a escolher a existência seguinte mais adequada pela qual passar. O anjo aconselhou-o sobre localização, época, pais, experiências, alma gêmea e ligações de clãs, e também lhe permitiu fazer contatos para ajudar outros do grupo ou ser ajudado por eles a fim de encontrar as experiências de que necessita para fazer a alma progredir. Por que fazem isso? Porque esses anjos são a origem principal da qual nasceu nossa alma. O alicerce do qual ela foi esculpida. Esta faz parte deles, que são a nossa maior parte; portanto a evolução deles depende da nossa.

"Cutucadas" angelicais

Você nasceu em cada existência sem as lembranças, para enfrentar o desafio que todos enfrentamos em cada vida – permanecer espiritual diante do ser humano e tudo que isso traz, para reunir mente, corpo e espírito e tornar a despertá-lo para quem você realmente é.

Às vezes essa ajuda pode parecer um pouco cruel, pois os anjos usam quaisquer meios possíveis para despertá-lo. Serão cruéis, se necessário, primeiro para que você "desperte" e também sinta o que faz parte de seu contrato, mesmo que no estado humano não se lembre de ter prometido fazer essas coisas.

Às vezes essas "cutucadas", como costumo chamá-las, assumem a forma de sonhos ou até pesadelos repetidos. Podem manifestar-se como fobias, ou mesmo doenças, ou padrões de comportamento destrutivo. Quase sempre se pode atribuir a aparente "má sorte" a esses anjos. Por que eles julgam necessário agir de forma tão drástica? Porque, como eu disse, somos parte deles, cuja evolução depende de conseguirem despertar-nos, e a evolução de nossa alma depende do êxito deles em guiar-nos.

Assim, se você se vir sofrendo, encarando o que parece uma vida bastante difícil, tenha esperança a partir dos relatos deste capítulo e veja se se reconhece em algum dos enredos. Se se reconhecer, já deu o primeiro passo no sentido de mudar as coisas para si mesmo.

Lembrar uma vida passada seguindo as pistas dadas pelo anjo da alma é um dos meios mais rápidos de despertar a alma.

Fazê-lo constitui o primeiro passo na direção certa da vida que lhe destinaram viver.

Se alguém me houvesse dito 15 anos atrás que eu poderia mudar em questão de meses de uma bagunça deprimida, gorda, sem talento, sem confiança em mim mesma para uma apresentadora de TV, letrista de música vencedora de prêmio, esbelta e confiante, eu teria rido. Se me dissessem que alguns anos depois eu ganharia a vida escrevendo colunas e livros, acharia que estavam brincando. Mas foi isso que aconteceu. Naquela época, certa tarde, um anjo da alma me alcançou e, como eu estava no estado de espírito certo, ele conseguiu "ligar-me", e desde então tudo mudou.

Uma das dádivas que tenho recebido é às vezes conseguir entrar em contato com o anjo da alma de uma pessoa e descobrir o que significam as "cutucadas". Desse modo tento ajudá-las a fazer o primeiro contato com o respectivo anjo da alma. Aqui, algumas das respostas que me deram.

Jean tinha um problema sério, que causava um impacto no seu relacionamento:

> *Apavora-me qualquer coisa que me toque ou cubra o rosto. Como meu companheiro, James, gosta de brincar com meus cabelos quando vai dormir, isso me causa muitos problemas! Às vezes tenho de levantar-me e descer para tomar um copo d'água. Não sei se se trata de alguma coisa de vida passada.*

A resposta do anjo da alma:

> *"Numa vida anterior, sua família francesa era pobre e a vendeu para a escravidão. Os senhores de escravos*

enfiaram-lhe um saco na cabeça e levaram-na. Isso ocorreu muitas vidas atrás, nos anos 1700, mas você ficou tão traumatizada com a repentina e chocante transição da liberdade para a escravidão, além da traição da família, que seu inconsciente ainda sente esse pânico. Por isso, qualquer coisa que lhe pareça, mesmo de longe, um saco, em qualquer lugar perto da cabeça, deve deixá-la desesperada para escapar. Conscientizando-se de que isso ficou no passado, sabe que não vai acontecer de novo. Reconheça por que tem se apavorado e comece a desfrutar o toque amoroso de seu parceiro".

Maria tinha um problema de saúde. Muitas vezes, trata-se de "transferências" usadas por um anjo da alma para lembrar a pessoa de alguma vida passada. Nesse caso, ela precisava dar o passo seguinte, que consistia em um terapeuta qualificado e experiente fazê-la regredir até uma vida passada para curar os sintomas físicos bastante concretos que ela vinha tendo.

Desde 1997 tenho uma dor de cabeça "insuportável," que só piorou. Problemas com os pés me dificultam andar direito. Dieta e peso poderiam ser fatores contribuintes, mas espero que você me ajude a encontrar uma solução.

Resposta do anjo da alma:

"Em 1874, você era uma criada em Cincinnati. Aos 30 anos, diagnosticaram-na com uma úlcera infecciosa terminal e, como não tinha mais utilidade para os patrões, viu-se nas garras de um cirurgião que a usou para realizar uma cirurgia experimental no cérebro. Uma dessas operações con-

sistiu na perfuração de um orifício no topo do crânio, portanto não me admira que venha tendo essas dores de cabeça.

Precisa prestar atenção a esse sintoma, regredir à vida como essa pobre moça, curada do trauma. Assim que o fizer, as dores de cabeça, como sua história, vão extinguir-se no passado a que pertencem".

Grace tinha um sintoma muito desagradável, que me leva a supor que o anjo da alma andara lhe dando cutucadas mais delicadas por algum tempo, e ela as ignorava. Quando isso acontece, o anjo não tem outra opção senão aumentar o nível. Grace precisava reconhecer que os problemas tinham raízes numa outra vida e ficar mais atenta às possibilidades dessa existência passada:

Acordo com as mãos na garganta, convencida de que engoli alguma coisa. Uma vez achei que engolira um tubo de máscara de mergulho e até tentei expeli-lo com tosse, até perceber que não podia ser real. Jamais me lembro do resto do sonho que me leva ao momento de sufocação.

Resposta do anjo da alma:

"Isso foi trazido de uma vida em 1854, quando você era um americano rico chamado Solly e sufocou-se com um pedaço de carne durante uma refeição em casa. Não teve a ver com a forma da morte, mas com o incidente repentino que lhe causou o trauma. Nenhum de nós sabe quando e como vai morrer, mas quando você se sentou para jantar naquela noite jamais teria desconfiado que fosse a última vez.

Você precisa trazer suas lembranças de volta quando estiver acordada, por meio de meditação, para que o inconsciente não precise mais lembrá-la disso durante o sono".

Janice tinha um problema fácil de ser remediado quando lhe disseram de onde e quando vinha. Em geral, quando as pessoas conseguem racionalizar o medo, logo o fazem desaparecer:

Tenho pavor de luz de tocha. A quantidade limitada dessa luz faz-me sentir que alguma coisa em volta me espreita. Fico muito trêmula e às vezes fecho os olhos. Prefiro ficar na escuridão total. Não consigo entender. Também me sinto de fato perturbada em volta de crianças.

Resposta do anjo da alma:

"Você vai retornar a um passado muito longínquo. Traz esse medo aí dentro há vidas demais para contar, portanto é hora de ter condições de curá-lo.
Nos idos tempos dos moradores das cavernas, você foi uma mulher deixada em casa para cuidar das fogueiras e tomar conta dos filhos, enquanto seu 'homem' caçava. Tomar conta das crianças era uma grande responsabilidade; quando caiu a escuridão e o pai delas não retornou, você soube que ele estava morto. Animais espreitavam logo além do alcance da luz do fogo. As sombras pregavam peças, mas você sabia que iam matá-la e também às crianças. Como previsto, foram abatidas, uma de cada vez. Nao admira que agora se sinta perturbada quando a deixam responsável pelo cuidado de crianças e que luzes oscilantes a façam sentir medo. Não temos mais felinos dentes-de-sabre, lobos pré-históricos, nem qualquer coisa que vá esgueirar-se e pegá-la, por isso pode relaxar, afinal".

Sally precisava encontrar o que lhe faltava na vida:

Sinto-me muito vazia por dentro desde a infância. Que é que me falta? Acho que quero retornar à minha vida passada, mas não sei por quê. Sinto que era muito feliz então. Sinto-me atraída para a Cornualha, embora nunca tenha estado lá. Por favor, pode ver alguma coisa para mim?

Resposta do anjo da alma:

"*A Cornualha é, em definitivo, sua área prioritária. Vejo-a com uma saia comprida azul e uma blusa branca de mangas bufantes, parada numa encosta verde ou num topo de colina acima de um lugar chamado Lamorna Cove. Dia após dia ficava ali, fitando o mar em Mount's Bay, à espera do retorno de seu marido contrabandista, mas ele nunca voltou. Essa vida ocorreu nos anos 1800, e, se você for algum dia à Cornualha, on-line ou pessoalmente, e refizer seus passos, conseguirá curar esse vazio interior*".

Tracey queria saber se seu desejo de ser atriz se relacionava a uma vida passada:

Apenas gostaria de saber: você me vê algum dia como atriz? Também me interessa muito a era Tudor, e me pergunto se numa vida passada eu poderia ter feito parte da corte. Tenho vívidos sonhos sobre coisas dessa época que realmente não poderia saber.

Resposta do anjo da alma:

"*Em 1548 você morreu, aos 35 anos. Não era jovem para aquela época. De fato, bem velha para o período!*

Chamava-se Catherine e quando menina trabalhou como governanta de Elizabeth Tudor, que a chamava pelo apelido carinhoso de Kat.

Você deve aproveitar todas essas lembranças e testes de representação para quaisquer papéis de pessoas daquela época, pois certamente vai vencer todos os obstáculos!".

A vida passada de Carrie impedia-a de progredir:

Poderia me falar um pouco da minha vida passada e o que o futuro me reserva? Tenho percorrido um caminho acidentado no momento e gostaria de saber se as coisas vão melhorar um pouco, e se alguma parte disso está relacionada a alguma vida passada.

Resposta do anjo da alma:

"Em 1932, você foi a primeira professora nomeada para uma faculdade europeia. Nesta vida seu inconsciente bloqueia a educação acadêmica, pois sente que desperdiçou grande parte da vida passada, porque não se dava às professoras o mesmo respeito dado aos professores na época.

Agora que sabe por que faz isso, vai parar de bloquear-se e avançar em qualquer coisa que queira fazer".

Susie vinha tendo problemas de relacionamento:

Toda vida tive pesadelos. Também sorte ruim no tocante à carreira e insegurança sobre o futuro. Pode ver o que guardava minha vida passada? Interessa-me em particular a área de amor e meu atual relacionamento (com Paul).

Resposta do anjo da alma:

"No início dos anos 1900, você se apaixonou por um vizinho, Peter, agora Paul. Sofreu uma trágica queda de uma janela alta e ficou presa à cama desse dia em diante, o que lhe tem causado pesadelos, nesta vida, em que não consegue escapar do perigo. Por achar que Peter não podia amá-la devido ao seu estado, recusou-se a tornar a vê-lo. Nesta vida ele vai tentar assegurar-lhe que de fato a ama, sempre amou, mas será difícil convencê-la".

PROBLEMAS DE FAMÍLIA E VIDAS PASSADAS

As desavenças familiares às vezes são muito complicadas, porque, embora talvez pareçam resultar de pontos críticos na vida atual, os membros da família com frequência reencarnam juntos; assim, as brigas que parecem simples muitas vezes envolvem ressentimentos e rixas de períodos seculares.

Pode-se recorrer aos anjos da alma para resolver tais problemas, caso contrário os membros de uma família cairão em círculo vicioso, cometerão sempre os mesmos erros e terão os mesmos problemas. O anjo da alma pode ajudá-lo a sair da confusão, pela meditação dos membros da família, ou pela consulta a um terapeuta de vidas passadas. Tenho uma lista bem abrangente de terapeutas em todo o mundo no meu *site*: www.jennysmedley.com.

George nunca se deu bem com a irmã. Tão logo ela nasceu, quando ele tinha dois anos, parecia ressentir-se dela. A mãe achava que fizera todo o possível para não deixar que o filho se sentisse suplantado nem substituído pela menininha, mas nada ajudava. George parecia gostar de ver a irmã sofrer. Se ela se machucava ou chorava, ele ria e deixava a mãe furiosa.

Quando a irmã ficou grande o bastante para brigar, a coisa piorou muito, e a mãe vivia desorientada, pois tinha de ser árbitro das disputas e fazer os dois se entenderem o tempo todo. As rixas eram sempre iniciadas por George, e isso fez a mãe começar de fato a desgostar dele. Ambos eram agora jovens adultos e ainda incapazes de coexistir, então a senhora me pediu uma interpretação sobre os dois numa de minhas colunas.

Pedi ajuda aos anjos da alma deles e descobri uma história interessante. Aquilo vinha ocorrendo havia várias existências. Numa, George fora abandonado num navio que afundava, após a irmã ter sido salva pela tradição de "mulheres e crianças primeiro". Em outra vida, fora um velho, abandonado pela filha (agora irmã) para morrer quando um incêndio atingiu a casa. Ainda em outra vida, George fora um colega soldado (da irmã agora), acordara sozinho e agonizava no campo de batalha, ao que parece deixado para morrer.

O que ele não sabia era que na primeira vida a irmã fora arrastada aos chutes e gritos para o barco salva-vidas, e forçada a deixá-lo. Na segunda, só abandonara as tentativas de salvá-lo porque o filho teria morrido sem a sua ajuda. Tivera de fazer uma escolha dilacerante. Na terceira (quando ela era o colega soldado), tombara inconsciente por uma granada e fora carregado do campo assim, sem poder fazer uma escolha.

Assim que se trouxe tudo isso à memória de George, as lembranças desses fatos começaram a retornar-lhe, e foi possível rescrever a versão distorcida desses acontecimentos distantes no inconsciente. Isso lhe aliviou muitíssimo a animosidade com a irmã e permitiu construir pontes.

Regressão à vida passada

Embora essas mensagens que canalizo por intermédio dos anjos da alma das pessoas possam ser inspiradoras e em muitos casos tenham-nas virado ao contrário, sempre lhes digo em determinado ponto que devem fazer regressão a uma vida passada, o que significa lembrar de outras vidas sob hipnose, com a ajuda de um bom terapeuta. Em alguns casos, apesar da ajuda que se dá ao falar dessas outras existências, não há substituto para se tornar a passar pela experiência por si mesmo. Também um terapeuta pode fazer perguntas organizadas de antemão para que você tenha as respostas específicas desejadas.

Que acontece a alguém sob hipnose?
Por meio de palavras, a hipnose o faz relaxar. Você continuará ciente das coisas em volta, da voz do hipnotizador ou qualquer ruído ao fundo, da luz, mas não interagirá com nada. Tudo fica distanciado. A sensação de relaxamento, às vezes, é tudo o que acontece na primeira ocasião, e você apenas sentirá um agradável repouso quando terminar. Se assim for, não se preocupe, não ache que está impedindo algo de si mesmo nem se julgue incapaz. Em vez disso, aceite como um primeiro passo. Assim que passar esse estágio na primeira consulta ou na posterior, você vai começar a pensar em outro tempo e lugar. Quando o terapeuta lhe fizer perguntas, tente respondê-las mesmo que nesse ponto o que vê e sente não pareça real, ou apenas imaginação. O bloqueio em geral cessa assim que você começa a falar. Outros conhecimentos e respostas simplesmente lhe chegarão. Mesmo que sinta apenas ter imaginado coisas, não dê importância, pois começou a magia da religação com sua alma.

O estágio seguinte será um deslizamento gradual mais remoto na lembrança da vida passada. No fim, se você chegar até lá, vai sentir uma total imersão e não duvidará da realidade. Na verdade, conseguirá "tocar", "provar" e "sentir o cheiro" do passado e, sem dúvida, tornará a viver as emoções, embora, ao passar por tudo isso, você não esteja de todo inconsciente, nem sob o controle do hipnotizador, e tampouco alheio ao que diz.

Um terapeuta experiente o levará até o momento da morte nessa vida passada, permitindo tornar a vê-la do espírito, e eliminará assim o medo de que a morte seja um fim. O trauma da vida passada será curado, e você retornará com nova energia para esta vida: a compreensão de quem você de fato é e como passou a ser essa pessoa, uma profunda ligação com sua alma e o anjo dela, além de apetite e determinação para o futuro.

Dúvida e descrença

Às vezes as pessoas se recusam ou não parecem capazes de prestar atenção aos anjos da alma, por mais que se esforcem. As "coincidências ou simples ceticismo" acumulam-se, e a criação ou dogma religioso as impede de notar qualquer coisa. Há pouco tempo, uma mulher que visitara o campo de concentração em Auschwitz escreveu-me. Viajara milhares de quilômetros para chegar lá e não sabia dizer a ninguém por que sentira necessidade de fazer isso. Uma vez ali, sentiu-se tomada por muitos sentimentos misteriosos, que, compreensivelmente, atribuiu à atmosfera e à história do lugar. Então se sentiu obrigada a fazer fotos de alguns prédios específicos, e depois estas revelaram o que ela julgou serem simples anomalias de luz.

Ali, a mulher sentiu-se impelida a examinar os grupos de fotografias dos infelizes reclusos dos campos, exibidas nas paredes. Um rosto específico aturdiu-a, não apenas porque ficou hipnotizada por ele, mas porque teve certeza de que reconhecia o rapaz, embora fosse óbvio que jamais o conhecera, já que ele morrera muito antes de ela nascer nesta vida. Mais tarde no mesmo dia, um jovem polonês aproximou-se dela e começou a falar-lhe em sua língua. Ela não apenas entendeu o que ouvia, apesar de nunca ter aprendido, ouvido ou falado polonês na vida, mas também conseguiu responder-lhe na mesma língua! Apesar de tudo isso, decidiu não acreditar que poderia ter ligação com sua própria vida passada, talvez como aquele rapaz na foto, nem ao menos como um amigo ou um membro da família dele. Parece que o anjo da alma tinha uma tarefa muito difícil pela frente. No entanto, por algum motivo, ela também se sentiu compelida a me procurar, escrever e contar a respeito... Talvez ainda haja esperança.

Capítulo 5
SINAIS DOS ANJOS

Um homem na rua aponta o céu. "Veja, um Anjo!", grita.
Os transeuntes riem. "Seu tolo, aquilo é apenas uma nuvem."
Que maravilha seria ver anjos onde só há nuvens. Que triste
seria ver só nuvens quando há anjos.
Anônimo

Como saber quando um anjo anda por perto?

Como eu disse, os anjos podem ser muito inventivos quando se trata de assinalar que chegaram à cena. Penas brancas em lugares inesperados dão o principal sinal, como também coloridas. Os aromas são o segundo mais popular – qualquer tipo de cheiro, desde perfume ou sálvia queimando até chocolate. Borboletas e libélulas constituem o terceiro sinal que a maioria das pessoas nota, sobretudo quando aparecem fora de estação (como no inverno). Depois vêm os arco-íris. Embora todos saibamos o motivo científico do surgimento deles, ficamos pasmos quando aparece um, além de poderem ser um sinal de anjos. Outras mudanças climáticas podem ser causadas por anjos, como uma súbita nevasca. Conheço uma mulher que encontrou o nome de um ente amado recém-falecido esculpido em neve virgem sem quaisquer pegadas em volta.

Algumas pessoas sentem uma leve corrente de ar na nuca quando todas as portas e janelas estão fechadas, ou um toque suave no braço sem ninguém por perto. Alguns sentem como se teias de aranha lhes flutuassem no rosto. Outras, a carícia invisível da asa de um anjo, ou até uma sensação de asas envolvendo o corpo. Alguns veem imagens em nuvens que significam alguma coisa para eles ou dão certo sentido à situação atual. As flores às vezes difundem propriedades incomuns, como calor ou frio, ou desprendem pétalas em nosso caminho. Certa palavra ou frase pode continuar a repetir-se num livro, numa música, em cabeçalhos de jornal, em *outdoors* e até em placas de carro. Talvez você sinta um formigamento em alguma parte do corpo que o anjo usa para anunciar sua presença. Ou talvez veja uma repetição dos mesmos números em volta. O número mais comum usado pelos anjos é 11:11, portanto alguma coisa incomum que ocorra nessa hora ou data, ou sempre que aparecer esse número, merece atenção especial.

Um anjo às vezes vai acordar uma pessoa na mesma hora exata toda noite, porque tenta chamar-lhe a atenção. Alguns ouvem o nome chamado por uma voz desconhecida ou por alguém que os ama. As cintilações ou centelhas de luzes douradas ou coloridas constituem outro bom sinal – não as que aparecem dentro dos olhos, mas as que flutuam independentes no ar. O rádio ou a TV podem mudar de estação e canal sozinhos. Objetos às vezes desaparecem e são dados como perdidos, apenas para reaparecerem num lugar já procurado. Você pode sentir o sol brilhante e quente nos olhos fechados num dia nublado e chuvoso. Os anjos usam certos pássaros, muitas vezes brancos, mas às vezes corvos. Também se veem bandos de aves que se comportam de modo estranho como um sinal de manipulação angelical.

Invocação da proteção dos anjos

Há pouco fiz contato com Jade Goody, a pedido da mãe dela, Jackiey, e consegui comunicar-lhe que a filha dizia: "Estou flutuando no vento". Nesse momento, Jackiey ficou emocionada porque soprou uma brisa inexplicável pelo quarto que levantou as cortinas. Tratava-se de um sinal enviado por Jade, mas possibilitado por um anjo. As pessoas às vezes me perguntam: "Se recebo um sinal que parece vir de um ente amado falecido, vem dele ou do anjo dele?". Minha resposta é que o sinal foi pedido pelo ente amado, mas ativado pelo anjo. O de minha mãe costumava deixá-la enviar-me estrelas cadentes sempre que eu precisava saber se ela continuava por perto (as estrelas cadentes são outro sinal comum para muitas pessoas).

Uma coisa que se deve observar: mesmo que certos objetos ou acontecimentos tenham uma explicação "racional", natural ou científica, isso nem sempre significa que um anjo não os usou para comunicar-se conosco. Os arco-íris, por exemplo, são um fenômeno natural, claro, e no entanto o surgimento deles num momento específico pode ser muito significativo para as pessoas envolvidas. O anjo delas sabe disso, e também sabem que vão receber a mensagem, portanto é lógico o fato de utilizarem tais fenômenos. Às vezes também se explicam fenômenos fotográficos em termos científicos, mas isso não significa que não sejam sinais válidos de um anjo. Os anjos usam qualquer coisa para nos alcançar.

A chave da comunicação significativa é você abrir os olhos, enquanto permite o lado direito (criativo) do cérebro assumir o comando. O esquerdo é o lado da pessoa que tentará convencê-la a não ter crença. Você não receberá a mensagem se recusar aceitar o mensageiro. Algumas pessoas me dizem: "Se recebesse um sinal físico de meus anjos, acreditaria", embora os sinais existam o tempo todo, em toda parte, mas elas não os veem.

Como se pode ver, os anjos usam quase tudo para chegar a nós. Por isso lembre-se: o primeiro passo para comunicar-se com o seu é tomar consciência dos arredores e do que ali acontece. Fique atento a qualquer coisa que pareça destacar-se de todo o resto de sua vida.

Filhos e sinais de anjos

As crianças sempre são mais ligadas espiritualmente aos anjos e ao universo em geral. É observando-as que podemos, às vezes, ver como devíamos pensar e sentir-nos para ser mais sintonizados. Uma visita ao hospital infantil Great Ormond Street seria uma verdadeira revelação para a maioria. Por definição, a maior parte dos pequenos ali está muito doente, e os motivos de terem de passar por esse tipo de dor são muitos e variados. Um dos mais comuns é que fecharam um contrato, antes desta vida, para mudar de algum modo os pais e os que cuidam ou tratam deles. Tamanho é o amor que as almas têm umas pelas outras que se dispõem a fazer apenas isso. A ligação que mantêm com os anjos é óbvia. As crianças, em conjunto, mostram extraordinária coragem e otimismo. Os rostos iluminam-se com energia angelical em um pequeno momento de alegria. Uma senhora perguntou-me com bastante veemência: "Onde estava o anjo do Baby P, então?" (Baby P, uma criança cuja morte trágica ocorreu nas mãos dos adultos que cuidavam dele.) O bebê sofreu muitíssimo, e minha resposta é que não podemos imaginar por que essas coisas têm de acontecer, certamente por alguma razão conhecida apenas por Deus e pelos anjos. Só sei que acredito que os anjos protegem as crianças, e que o sofrimento físico pelo qual passam é de algum modo separado do espírito delas, deixado na superfície da consciência, enquanto em maior profundidade os anjos amparam-nas, fazendo-as flutuar, para suportar a dor sem destruir o espírito.

As crianças em geral são mais próximas dos anjos porque têm confiança, e espontaneamente levam a felicidade a sério, em detrimento de qualquer emoção adulta mais desprezível, como ganância, ódio, vingança – ou emoções que passamos para elas. Os adultos são muito bons em incutir medo nos filhos, o que lhes tira a alegria natural. Como pais, não temos a intenção de fazê-lo, mas as conversas descuidadas sobre nossos próprios medos e apreensões transmitem-se a eles. Sei que o mundo é um lugar duro e que as crianças acabam por ter de enfrentar problemas difíceis, algumas mais cedo que outras, mas até essa época temos o dever de proteger seus atributos naturais, pois, quanto maior o tempo durante o qual fizermos isso, mais elas permanecerão ligadas. Por isso, alguns pequeninos doentes conservam a alegria apesar dos problemas – porque os pais os protegem dos aspectos negativos do mundo por mais tempo, e, ao fazê-lo, dão-lhes a oportunidade de manter a ligação com os anjos. Por isso, as que sofreram doenças dolorosas ou quase letais muitas vezes crescem e tornam-se adultos espirituais e grandes exemplos para os demais.

As crianças muitas vezes falam de uma linda dama que aparece à noite, e algumas chegam a desenhá-la. Os adultos não devem jamais ridicularizar esse tipo de envolvimento, mesmo que não acreditem. Fazer isso é reprimir – talvez até destruir – uma parte muito vital do espírito do filho. Às vezes os pequenos, sobretudo bebês que ainda não aprenderam a falar, sorriem e ficam rindo para alguma coisa que os pais não veem. Trata-se de uma capacidade que parece desaparecer com o tempo, por mais que a incentivem, portanto se deve valorizá-la enquanto continua presente.

Gemmie me contou uma história clássica do relato de uma criança ao ver um anjo:

"Eu tinha só 12 anos quando acordei muito de repente no meio da noite. Foi como se alguém tivesse me sacudido tanto para acordar que me sentei bem ereta. Fiquei pasma

ao ver o quarto todo coberto por um nevoeiro, como se fizesse uma noite muito enevoada e alguém tivesse deixado as janelas abertas. Mas não fazia, e ninguém as havia deixado abertas. Não me senti de modo algum assustada, o que era estranho, pensei depois. Do nevoeiro surgiu uma figura envolta num manto e parou aos pés da cama. Apenas irradiava amor e segurança. Creio que era meu anjo e, até hoje, embora nunca mais a tenha visto, ainda a sinto em volta, em especial se estou com medo de alguma coisa."

Há pouco tempo, um apresentador de rádio um tanto cético perguntou-me: "Você diz que as crianças deviam ser incentivadas a aproximar-se e ver os anjos. Não é mais provável que isso as deixe com medo?". A pergunta leva-me ao mais claro de todos os sinais da presença de anjos. Ao responder, eu lhe disse: "Não, porque não é possível sentir medo em companhia de um anjo". Então devo agradecer a ele, pois me fez articular essa afirmação muito vital. A sensação que os anjos fazem a pessoa sentir quando andam por perto elimina por completo a capacidade de ter medo. Você simplesmente *não pode* ter medo quando há um por perto. O amor que você sente por parte desses seres domina e supera qualquer emoção que já sentiu antes. A única emoção irresistível que sentimos em qualquer experiência é a segurança. Portanto, esse sentimento de total segurança, sobretudo se vivido numa situação não muito segura, pode significar que há anjos por perto.

Agrada-me encontrar outras pessoas que tentam ajudar crianças a conservar os valores espirituais. Mimi Doe, além de fundadora do www.SpiritualParenting.com, é autora de cinco livros para pais. Ela acha, como eu, que o futuro do mundo depende de nossas crianças se ligarem à espiritualidade e à alma delas:

"Quando minha filha Whitney, com quatro anos na época, começou a falar-me de Sophine, um anjo que a visitava, eu não fazia a menor ideia de onde nos levaria esse anjo. 'Mamãe, Sophine veio ao meu quarto ontem à noite', ela me disse uma manhã.

'Quem é Sophine?', perguntei, surpresa, pois minha filha não era propensa a fantasias nem a faz de conta, mas a primogênita pragmática, prática, que sempre relatava com detalhes completos a verdade de qualquer situação.

'Sophine é o anjo que vem ao meu quarto toda noite', respondeu-me, sem rodeios.

Calafrios me percorreram o corpo. Parei de mexer o mingau de aveia matinal e peguei um pedaço de papel. Era como se algo me dissesse que se tratava de uma coisa importante, que eu devia anotar exatamente como ela me contou. 'Fale-me sobre ela, Whitney.'

'Bem, eu também era um anjo antes de nascer. Protegia você e a escolhi para ser minha mãe. Conheci Sophine então, e ela vem me visitar agora. Também a chamo de 'Aquela que me Traz Flores'. Ela faz minhas flores crescerem, mamãe. Faz as flores com as cores que devem ter.'

Anotei cada palavra da forma exata relatada por Whitney. Disse-lhe que bênção era ter uma amiga tão especial, que me sentia grata por ela ter me escolhido para ser sua mãe. Whitney então desenhou um lindo retrato de Sophine com um ramalhete de flores e luz amarela em toda a volta. O dia continuou, mas eu não conseguia afastar-me daquela folha de papel. Acreditava em minha filha. Considerava-a uma criança especial, sensível, e parecia incrível, mas certo, que passasse pela experiência de um anjo.

Alguns dias depois, eu limpava a casa e ia jogar fora uma violeta africana murcha, de aparência triste. 'Ah, não, mamãe, não jogue fora', ela gritou. 'Me deixe pôr no meu quarto.' Qualquer pai ou mãe sabe que às vezes é mais fácil concordar com os pedidos dos filhos do que começar uma longa ladainha para explicar alguma coisa. Dei a pobre planta a Whitney e esqueci.

Na manhã seguinte, ela desceu a escada correndo com a violeta africana nas mãos. 'Veja, veja, mamãe! Sophine fez minha flor crescer. Deixou tudo melhor.' Assim foi. Viam-se quatro belas florzinhas cor-de-rosa onde só existiam caules mortos na véspera.

Eu tinha de saber se outras crianças viviam a experiência de anjos da mesma forma vívida e íntima que minha filha. Passei a perguntar-lhes a respeito. Comecei pelos amigos de meus filhos e alunos do pré-escolar, jardim de infância e primeira série em minha cidade natal. Pedia-lhes que me falassem de anjos, depois desenhassem como eram. Os resultados foram sensacionais. Por não ter pressa para escutar e observar as visões pessoais das crianças, descobri que os anjos aparecem aos pequenos de formas vívidas e não tradicionais. Não são sempre mulheres de asas brancas, mas tão ricos e variados quanto as próprias crianças.

Se tantas viam e tinham a experiência de anjos, eu quis conversar com outras que levavam vidas muito diferentes do que as que viviam próximas de casa. Continuei a trabalhar com a garotada, mas fui muito além de minha comunidade. No esforço de incluir uma ampla variedade de formações socioeconômicas, culturas e religiões, falei com crianças de todos os Estados Unidos, que descreveram os próprios anjos com candura e convicção. Queria um meio de partilhar essas ricas imagens com o mundo. Meu livro, Drawing Angels Near [Trazendo anjos para perto], resultou desse desejo.

Sophine, desenhada por minha filha naquela manhã quatro anos atrás, foi escolhida pela assistente editorial na editora para adornar a capa do livro. Ela não tinha a menor ideia, quando a selecionou, de que se tratava de um desenho de Whitney, a inspiração de tudo isso!

As crianças de fato parecem ver e sentir a experiência dos anjos de maneira vívida e pessoal. A justificação dessa comunicação espiritual tornou-se minha paixão. Elas continuam ligadas com o mundo de uma forma que muitos de nós esqueceram. Tenho feito palestras e workshops a pais e educadores em todo o mundo para incentivá-los a honrar e nutrir a espiritualidade divina das crianças – e partilho dicas e técnicas específicas para fazê-lo. Escutar as descrições de anjos feitas pelos pequenos é com toda a certeza um início.

Sophine não aparece mais para a minha filha, agora uma estudante universitária vibrante. É quase como se o anjo viesse manifestar esses projetos a outras crianças e depois sumisse de vista quando Whitney tinha sete ou oito anos. Aos 11, porém, ela me contou, com toda a calma: 'Tenho um novo anjo agora, mamãe. Apareceu na cozinha ontem à noite e de novo esta manhã no terraço com as asas amorosas, fortes, em volta de nossa casa'.

Creio que ainda existem mais anjos ao redor de Whitney, agora que ela mora sozinha num dormitório na faculdade. Eles a mantêm segura e iluminam seu caminho".

Proteção angelical para você e os seus

É possível sofrer ataques do que chamo de "vampiros psíquicos" – pessoas que esgotam toda a nossa energia, de propósito ou sem querer. Alguma vez você pegou o telefone e teve a horrível sensação de afundar sem qualquer motivo real ao descobrir que certa pessoa ligou? Quando encontra por acaso alguém que sempre fica próximo demais de você, invade a sua aura e faz com que se sinta quase violado? Já se viu agir em total desacordo com seu jeito de ser, de forma negativa, ou sofreu repentina perda de memória e sentiu constante cansaço apesar de ter descansado bastante? Algum quarto em casa, antes um paraíso, de repente lhe parece hostil? Se já passou por algumas dessas situações desagradáveis, talvez esteja vivendo um "ataque psíquico". Existem vários métodos de invocar os anjos para protegê-lo contra esses tipos de ataque.

Proteção de telefone
Para o indesejado vampiro psíquico, ou o próprio invasor de espaço em pessoa, existem meios simples de prevenção. Na proteção de telefone, o mais óbvio é ter um identificador de chamadas no aparelho e ignorar ligações dessa pessoa. O outro é pôr os pés no chão e cruzar os tornozelos enquanto fala com ela. Isso o ajuda a firmar-se e fechar o circuito corporal, permitindo que a proteção angelical o envolva e deixe menos aberto a um consumo de energia. Para a pessoa que fica "cara a cara" e não recua, um bom expediente é fortalecer a aura visualizando-a como um bolsão de resistência diante de si e depois "empurrar" a energia em direção à outra. Se perseverar nisso, a pessoa *vai* retirar-se, pois não consegue resistir ao poder do seu anjo.

Proteção do lar
Para proteger o lar e todos que o habitam, imagine a casa envolta num cintilante globo de luz angelical. Talvez ajude assemelhar a forma à de uma bola de neve, com a morada aninhada

no meio. Peça a seu anjo que mantenha essa fronteira inviolada mesmo quando você se ausentar.

Proteção pessoal
Toda manhã quando se levantar, talvez durante o banho, imagine um terno prateado. Quanto mais cintilante e vistoso vir o conjunto, melhor funcionará, apenas porque a imagem será mais forte no olho interior. Veja-se vestindo a roupa. Faça-o com todo o cuidado, introduzindo cada membro – mais uma vez, quanto melhor a visualização, mais certo dará. Por fim, deslize o capuz pela cabeça e feche o terno com zíper.

Durante o dia, pode usar outro método: se de algum modo se sentir ameaçado ou em perigo, imagine-se inflando o conjunto, meio como um *airbag*, na direção da ameaça. Por exemplo, se você é uma mulher sozinha numa rua escura e percebe um homem andando atrás, aperte a "bolha" do conjunto inflado na direção dele, e o verá atravessar a rua. Essas atitudes de fato põem a energia do anjo em ação, e você, além de sentir-se seguro, realmente estará. Pode até visualizar cada membro da família vestido num conjunto semelhante, se nenhum deles for aberto o bastante para fazê-lo sozinho.

Visualização para proteção
Toda manhã, imagine uma brilhante luz branca que desce do anjo da guarda até a sua cabeça. Arraste-a pelo corpo todo, com um pedaço de quartzo irisado na mão para amplificar a energia protetora. Isso exige um pouco de prática, mas logo se torna quase instintivo. Como com qualquer coisa assim, o essencial é a *intenção*. Se você vê a luz branca no olho da mente, ela existirá ali na forma de um campo energético que o protegerá o dia todo.

Pode-se testar com facilidade esse método num carro. Quando numa fila de tráfego em movimento, imagine a luz na bolsa acima do carro e empurre-a para trás. Verá que o veículo de trás recuará e o fará sentir-se mais seguro em termos físicos e espirituais.

Proteção de lugar seguro

Outro método de visualização é criar na mente um lugar seguro. Serve qualquer ambiente que você consiga visualizar fácil ou de que goste, como uma praia ou um passeio que adora. Qualquer coisa que escolha, aprenda a criar uma imagem do lugar em cada minúsculo detalhe. Se for ao ar livre, não deixe de dar à imagem os ruídos que em geral esperaria ouvir, e crie o tempo sempre brilhante, ensolarado e alegre. Se for um quarto virtual, veja as cores nas paredes, que podem ser arredondadas para formar uma espécie de ninho. Mobilie-o com imensas almofadas no chão, onde possa se sentar e sentir à vontade. Em qualquer momento de ameaça, apenas se ponha ali e entenda por completo que nada, senão o anjo, pode alcançar o seu espírito. Essa é a sua *intenção*, então nenhuma outra coisa interferirá.

Proteção com palavras de poder

Outro meio de obter proteção é repetir um mantra, dando ao anjo todas as palavras que para você significam proteção. Crie um fácil de lembrar e diga frases como: "Estou seguro. Sou forte. Sou intocável". Isso estimulará o anjo a instruir o seu inconsciente para que assim seja, e, quanto mais elevada for a mente, mais poderosa a arma que o deixará seguro. Creia e assim será.

Proteção do grupo

Tudo acima também funcionará para um grupo, mas se você o encontra com assiduidade deve criar um método próprio de proteção psíquica. Da mesma forma, uma família pode realizá-lo para purificar a casa de energia negativa. Todos devem formar um círculo diante do centro e dar as mãos para tornar a corrente completa. Escolhe-se uma pessoa para expressar o propósito do ritual, como: "Este grupo é unido em verdade e luz e está aqui para partilhar pensamentos e manifestações positivos. Podemos chamar nossos anjos para nos ajudar".

Os membros devem receber a afirmação como um sinal para começar a imaginar uma parede de luz ao redor de todo o círculo. Deve-se então estendê-la aos poucos para formar uma barreira em torno do prédio todo onde se encontram. Por ser um esforço conjunto, será muito mais fácil fazer a bola de luz grande o bastante para a finalidade.

Após o decorrer de um tempo combinado de antemão, o líder deve quebrar o silêncio e pedir ao grupo todo que diga uma bênção, como: "Que o divino Criador abençoe este espaço e todos os que aqui moram. Permita que todos caminhemos na luz de nossa própria verdade e permaneçamos seguros ao deixar este lugar. Agradecemos aos nossos anjos pela ajuda".

Proteção corporal

Esta consiste em garantir que você não criou um refúgio de negatividade no corpo físico. Para obtê-la, precisa entrar num leve estado meditativo e depois concentrar-se em usar a respiração para purificar o corpo. Peça aos anjos que transmitam a força deles à sua energia. Inale luz branca e exale luz sombria. Concentre-se na sensação do corpo e continue a fazê-lo até sentir uma energia deslocar-se por todo o organismo. Concentre-se em seus chacras (pontos de energia física e espiritual), um por um, e elimine qualquer energia bloqueada com o ar expelido. Pesquise o corpo emocional à procura de quaisquer cordas que o prendem a pessoas ou lugares negativos, e peça ao anjo que o ajude a cortá-las.

Proteção espiritual

Esta é para negar acesso a influências negativas ao corpo etéreo. Sintonize-se com o anjo e peça-lhe que o ajude a banir qualquer energia negativa. Encare toda a bagagem ruim como lixo a ser jogado fora e queimado. Pergunte ao seu eu mais elevado se se abriu a algum ataque psíquico por prender-se a ressentimentos ou culpa antigos devido a coisas que julga ter feito errado. Desprenda-se de tudo isso como se fossem anzóis de pesca agarrados à sua alma. Veja os ganchos se desprenderem e se dissolverem, deixando-lhe o espírito harmonioso e intocado.

Proteção de emergência

A maioria dos símbolos religiosos tem a capacidade de proteger de males aqueles que os usam, e isso se dá sobretudo porque o devoto acredita. Se não acreditasse, os símbolos não funcionariam.

Peça ao seu anjo que lhe mostre um símbolo que funcione bem para você, e veja-o com o olho da mente. Se de repente se vir sob ataque de forças psíquicas, pode usar o símbolo escolhido e sentir-se próximo, "desenhando-o" no ar diante de si.

Antes de mais nada, encare a direção da qual sente que vem o ataque. "Desenhe" o símbolo diante de si e depois estenda os braços para o lado, como para repelir o perigo.

Capítulo 6
CORES DOS ANJOS

E assim teu caminho será uma trilha de luz, como passos de anjos que atravessam a noite.
– palavras na parede de uma igreja em Upwaltham, Inglaterra

Qual cor é melhor para pedir a um anjo a ajuda de que você precisa? E se vir mesmo um anjo, o que significa a cor dele?

O fato de os anjos terem energia vibrante é fundamental. Tudo vibra a fim de existir, incluindo o planeta em que vivemos. Os anjos existem numa dimensão mais elevada que nós, e para alcançá-la temos de aumentar a velocidade de nossa vibração. O que não se sabe tão bem é que certas vibrações angelicais se relacionam com certas cores e cristais, e que poderíamos chegar mais perto deles utilizando esse conhecimento. Ao vestir as cores certas ou segurar um cristal da cor certa, por exemplo, você pode aumentar delicadamente a vibração em direção à do anjo.

Há muitas e variadas sugestões quanto às cores que combinam com qual anjo e como usar essa informação. Você pode começar pensando num propósito para o anjo, pesquisar qual deles se associa aos pedidos concernentes a esse propósito e depois descobrir a cor que se ajusta melhor ao estado de espírito que deseja alcançar e usá-la para atrair por instinto o anjo de que necessita. Começarei por mostrar-lhe a lista ortodoxa de anjos da via mestra e as cores a eles associadas, depois continuarei com o que minha própria experiência me ensinou.

Cores associadas aos anjos

Anael

Se todo o romance do seu casamento ou relacionamento desapareceu, este anjo pode renovar-lhe os sentimentos de amor, de paixão e a necessidade de satisfazer o parceiro. Trata-se também do anjo do meio ambiente, portanto, se quiser levar uma vida "mais verde", ele pode ajudá-lo a encontrar meios para fazê-lo. Como engendra amor pelo planeta, na certa é aquele com o qual todos devemos conversar.

Diz-se que as cores dele são: azul-celeste, verde-mar e violeta-azulada.

Asariel

Diz-se ser o anjo que guia nossos sonhos e nos traz mensagens no sono. Considerado o que governa mares e oceanos, se você vai viajar de barco ele pode protegê-lo. Também pode ajudá-lo a cuidar das áreas mais profundas da psique e resolver problemas de saúde mental.

Consta que as cores dele são as dos oceanos profundos, como azul-marinho e quase preto.

Azrael

Trata-se do anjo ao qual apelar quando a pessoa vive com medo da morte. Ele pode mostrar que morrer não passa de uma transição, seja para você, seja para seus entes amados, e também lhe dar o poder de ser forte para os outros; muitas vezes o invocam os agonizantes para ajudá-los a ser fortes para aqueles que deixarão quando partirem.

Sabe-se que as cores dele são todos os matizes de vermelho-escuro.

Cassiel

Se você vem tentando com afinco uma promoção e sente que o têm tratado de forma injusta, este anjo pode ajudar, pois lhe dará a força para perseverar, mas também o reorientará se estiver visando o alvo errado. É bom conversar com Cassiel em especial quando estamos num jardim, pois pode inspirar crescimento.

Dizem que as cores dele são as da terra, como castanho-dourado, marrom e gengibre.

Chamuel

Se você não se sente amado nem por si mesmo, este anjo pode reconfortá-lo. Vai ajudá-lo a afastar a negatividade e em consequência torná-lo mais atraente aos outros, pois todos gostam da proximidade de pessoas positivas. Se alguém sofreu uma desilusão amorosa, Chamuel o ajudará a repará-la e lhe permitirá voltar a confiar nos relacionamentos.

As cores dele incluem todos os matizes de rosa, desde tons pastel a marrom e vinho tinto encorpado.

Gabriel

Se você teme por si mesmo e/ou pelos entes amados, recomenda-se o anjo Gabriel. Ele o ajudará a tomar decisões complicadas e, se a vida apresentar uma situação difícil e inevitável, caminhará ao seu lado na escuridão.

Afirma-se que exibe cores do mais puro branco de neve e dourado cintilante.

Jofiel

Se você anda perplexo com a vida, este anjo pode trazer respostas às perguntas. Também é aquele a quem invocar quando lhe faltar inspiração (por exemplo, se for um escritor que sofre bloqueio de criação). Também ajuda a pessoa que está prestes a fazer exame de motorista ou provas.

Consta que as cores de Jofiel são tons de amarelo e limão.

Miguel

Famoso por ser o guerreiro, Miguel ajuda as pessoas a mostrar coragem em situações difíceis ou perigosas. Também empunha a espada quando você pede a sua ajuda para afastar-se de pessoas que sabe serem prejudiciais mas se sente atado para fazê-lo. E o ajudará a finalizar tarefas que você julga estarem além da sua capacidade.

Atribuem-lhe as cores azul-petróleo, verde-azulado ou turquesa.

Rafael

Se você tem problemas com um relacionamento e, no entanto, sabe que vale a pena salvá-lo, peça a Rafael que o ajude a encontrar as palavras certas para sanar a situação. Ele também o ajudará se precisar pensar com criatividade e achar difícil fazê-lo. Pode trazer-lhe visões capazes de clarear as névoas de confusão.

Consta que as cores dele são verde-limão e verde-folha.

Samael

Quando alguém às vezes se sente medíocre e aquém da altura do desafio que vai enfrentar, este anjo pode reacender a paixão pelo trabalho que está à mão e a força para continuar em frente. Trata-se do anjo que, afirma-se, ajuda os soldados na batalha, não a combater, mas a sobreviver. Eu diria que é o anjo do qual falei, cuja aparição aos soldados nas trincheiras salvou-lhes as vidas.

Diz-se que tem a cor vermelha.

Uriel

Sabe-se que este anjo o ajuda se você tem inúmeros conflitos na vida, sobretudo quando infligidos por si mesmo. Muitas pessoas tentam viver no passado ou no futuro em vez de no presente; Uriel pode trazê-lo de volta ao momento. Anjo da paixão, também nos dá determinação para trazer propósito à vida.

Consta que as cores dele são todas as de fogo, como vermelho, amarelo e laranja.

Zadkiel

Trata-se do anjo específico a invocar se você passou por muitos acontecimentos negativos que o deixaram maculado. Ele vai purificar o seu espírito e protegê-lo da mesma coisa no futuro. Também o ajudará a perdoar os outros e, em consequência, a libertar-se do passado.

Diz-se que as cores dele são lilás, violeta e prata.

Minha experiência com as cores dos anjos

Apresento as cores que passei a associar com algumas mensagens e vibrações angelicais por meio de experiências pessoais. Elas atuarão de maneira poderosa se você as usar em roupas ou levá-las consigo em forma de cristal.

- Azul (cristal sugerido – labradorita): *Quando objetivar um propósito mais elevado e precisar de um anjo dedicado a esse empenho, os matizes mais fortes de azul, como o azul-real, vão ajudá-lo a sintonizar-se com o auxílio do anjo certo.*

- Vermelho (cristal sugerido – rubi é o óbvio, mas uma alternativa menos cara poderia ser a granada ou o jaspe vermelho): *Quando precisar de coragem para enfrentar a adversidade, como um procedimento cirúrgico ou a conclusão de algo que lhe cause receio, como falar em público ou uma consulta ao dentista, o uso do vermelho vai absorver a energia do anjo certo.*

- Ouro (cristal sugerido – qualquer joia dourada): *O ouro, como talvez se espere, traz abundância mediante a intervenção angelical. Pode ser riqueza financeira ou emocional que você procura. O uso de ouro ou da cor dourada o ajudará a criar a energia vibracional para atrair o anjo certo.*

- Amarelo (cristal sugerido – quartzo limão, ou amarelo-forte – âmbar): *Quando se trata de pastel suave, usá-lo também pode tornar a sua energia suave e sensível. Portanto, se você pretende dissipar um conflito entre, digamos, dois membros da família em litígio, isso absorverá a ajuda angelical certa. Se for um brilhante amarelo-narciso, você está literalmente à procura de algum brilho de sol ou boa notícia na vida.*

- Branco (cristal sugerido – selenita): *Cor dos que possuem coração puro, é óbvio que o branco atrai todos os tipos de anjos. Tem utilidade específica se você busca orientação para sair de um problema complicado ou está em alguma forma de encruzilhada.*

- Lilás (cristal sugerido – ametista clara): *A cor da energia física. Trata-se da cor que devemos usar quando* precisamos de ajuda angelical para desenvolver qualquer tipo de capacidade mediúnica.

- Turquesa (cristal sugerido – turquesa): *Se você tem esperança ou precisa viajar, sobretudo atravessar oceanos, mas não consegue encontrar os meios de fazê-lo, esta cor o ajudará a atrair o anjo certo.*

- Púrpura (cristal sugerido – quartzo rosa): *Você talvez se sinta solitário, não amado e sem alguém a quem chamar. Use e porte rosa-forte consigo que seu anjo se sentirá feliz por chegar repleto de amor e pelo dom de fazê-lo amar a si mesmo.*

- Verde (cristais sugeridos – olivina, peridoto ou fluorita): *Sempre a cor da cura, é a que se deve usar quando os médicos deste mundo não conseguem ajudá-lo e você precisa de alguma intervenção divina para repor a saúde no rumo certo. Talvez receba apenas a cura, talvez seja guiado a algum profissional alternativo que o ajude.*

- Preto (cristal sugerido – ônix preto): *Se você aguarda uma situação iminente que lhe exigirá pôr em ação a cabeça "adulta" e levar muito a sério as coisas a fim de ser bem-sucedido, esta cor escura o ajudará a atrair um anjo que fomentará esses traços em si.*

- Prata (cristal sugerido – qualquer coisa feita de prata, prateada, ou quartzo irisado tipo arco-íris): *Se você sente necessidade de proteção celestial, talvez devido* a uma pessoa invejosa, ou acha que está sob ataque físico de alguém, use uma peça de roupa prateada ou leve consigo um objeto prateado, a cor de uma espada, para obter essa ajuda.

- Marrom (cristal sugerido – topázio marrom): *Você talvez enfrente uma situação na qual seria melhor recuar, algo que vai exigir ação ativa e que você preferiria não enfrentar. Esta cor vai atrair um anjo que lhe dará a coragem necessária para entrar no evento com confiança em sua capacidade de fazer e dizer a coisa certa.*

- Cinza (cristal sugerido – limonita ou hematita parda): *Se os problemas em volta precisam de alguma claridade e o futuro parece obscuro e incerto, use ou porte cinza, a cor das pedras de devoção dos sumos sacerdotes, e a ajuda que lhe mostrará a saída do labirinto surgirá.*

- Vinho tinto (cristal sugerido – vermelho-escuro): *A cor da natureza, esta é a que se usa quando sentimos necessidade de um anjo naturalmente sintonizado com a terra. Talvez quando você se vir sem terreno firme e precisar de um cabo espiritual.*

- Laranja (cristal sugerido – cornalina): *A cor com a qual se vestir para receber ajuda angelical em casa. Se você sentir que talvez a casa não é bem o ninho aconchegante de que a família precisa, o uso dessa cor ajudará.*

Nos retratos de anjos que faço, sempre uso as cores que parecem dar ao modelo uma leitura interpretativa. Essas cores se combinam para proporcionar diferentes significados às cores descritas acima, e estes também dependem do lugar em que aparecem as cores, seja no manto ou nas asas, por exemplo. Nos mantos dos anjos, dourado misturado com vermelho significaria em geral a importância de vida cármica ou passada, e com o acréscimo do turquesa poderia significar a necessidade de viajar ao lugar de uma vida passada a fim de resolver um problema. Se acrescentássemos o verde, porém, ao vermelho e dourado, isso significaria a necessidade de cura de uma vida passada.

Por outro lado, o vermelho e o azul, na maioria dos casos, significariam a necessidade de ser forte e honesto numa situação difícil. Quando se veem essas cores nas asas, isso pode significar a ocorrência de fatos como os descritos acima, mas que acontecerão de forma natural, sem intervenção. Mas esses tipos de leitura, em certos casos, são muito complicados, e não existe interpretação de mapa definitiva das várias cores e significados.

A seguir, alguns exemplos das mensagens que os anjos me trazem por meio desses retratos.

Um anjo de muitas cores

"Há várias cores no anjo que o protege, e ele parece um pouco caótico – trata-se de um reflexo, um espelho de sua energia (ou aura). Das asas, embora tenham muito dourado (sinal de um futuro muito brilhante), faltam também partes. Há numerosos acontecimentos semiformados ao redor do anjo. A maioria dos problemas resulta dessa atmosfera caótica que você carrega consigo. A dificuldade de dormir e a incapacidade de parar de falar na hora certa, tudo se deve à mesma coisa. Você precisa de fato adquirir

a habilidade de desligar a mente. Isso exige imensa paciência e prática para alguém do seu feitio, que tem, claro, uma personalidade de 'alta energia'. O que precisa fazer é canalizar essa energia na direção certa – para usá-la quando precisar e não desperdiçá-la quando não.

Você exige muito mais tempo que a maioria das pessoas ao aprontar a mente para o relaxamento e o sono, portanto não deve estimulá-la de modo algum durante uma hora antes de deitar-se. Seria uma boa ideia comprar um agradável CD de meditação e tocá-lo enquanto se prepara para adormecer. Você é uma pessoa curiosa, com ideias inteligentes (embora muitas vezes desnecessárias), e espiritualmente precisa encontrar um caminho definitivo – uma meta definitiva, em vez de envolver-se em várias coisas de forma superficial, o que tende a fazer.

Às vezes se enche de otimismo; outras, de dúvidas. Precisa trazer estrutura e paz a essa energia formidável a fim de que o futuro ao qual se destina possa revelar-se com toda a clareza diante de você.

Então use um padrão nítido. Imagine que se assemelha a um balão de ar quente a flutuar no ar. Tudo em volta do horizonte consiste naqueles eventos que você tanto deseja que tenham ocorrido. Apenas esperam para chegar a você, em todas aquelas formas esculpidas em nuvens brancas, fofas.

Mas nesse meio-tempo as correntes de vento em torno do balão são turbulentas. Veja como isso tornaria impossível para os eventos o alcançarem. Quanto mais você se aflige e tenta fazê-los chegar, mais os repele, causando lufadas e ondulações no vento.

Aprenda a ser calmo que o ar se acalmará, e as coisas começarão a chegar.

Você tem razão ao dizer que precisa fazer algumas coisas grandes e excitantes, e elas virão, mas é necessário que relaxe.

A energia é magnética – isto é, o que se projeta é o que você obterá. Se projetar energia expectante, excitada, é a que obterá de volta – expectativa excitada, sem nada formado por completo, uma espécie de caleidoscópio, em constante mutação, sem nada claro. Se conseguir projetar energia expectante calma, receberá eventos completamente formados, não encobertos e tumultuados pela sua energia em constante movimento.

Eis o que acontecerá então:

- *Ficará equilibrado, o que lhe fará bem à saúde, também.*

- *Conhecerá uma nova pessoa, que será muito influente em sua vida.*

- *Será um estrangeiro, e não falará a sua língua.*

- *Você logo reconhecerá que essa pessoa é a que tem esperado para guiá-lo.*

- *Os dois começarão um negócio juntos.*

- *Vão mudar-se para uma ilha.*

- *Você vai aprender a ouvir os anjos a sós.*

- *Aprenderá uma forma de cura pelo 'toque'.*

- *Viajará pelo mundo.*

Tudo isso pode acontecer, desde que você se prepare. Tente imaginar que, quando tem a mente ocupada demais, é como uma poça d'água com um fio de tinta dentro. Se você girar o líquido, a mancha se dispersará e jamais poderá juntar-se numa cor definida. Por isso seu anjo tem uma preocupação tão clara. Muitas vezes ele tentou orientá-lo, mas não conseguiu manter a ligação.

Se houver cursos de meditação por perto, você deve matricular-se a fim de aprender as técnicas necessárias para desligar-se por completo. Isso também aumentará sua vibração, o que facilitará a comunicação".

Asas de ligação
"Você notará que seu anjo tem asas diferentes uma da outra. Uma exibe vibrantes 'cores' de pavão, a outra, rosa e lilás. Isso significa que seus dons serão uma combinação entre a energia psíquica (intuitiva) e o produto de uma mente criativa. Só precisa observar se mantém o equilíbrio certo. Seu caminho já é muito bem definido, por isso você precisa medir cada novo passo antes de dá-lo. Jamais se deve deixar que o materialismo predomine, senão sua inspiração pode desfazer-se. Você teve um papel bastante central na vida espiritual, que se assemelha um tanto a jogar uma pedrinha num poço. As ondinhas não param de expandir-se para fora. Esse fato mudou a forma como você vê o mundo e, mais importante, a forma como o mundo o vê. Alguém o vigia. De fato, duas pessoas o vigiam, uma grande novidade. Uma em particular era alguém a quem você teria confiado sua vida. Outro aspecto importante na vida é que você

deve ficar em equilíbrio com a natureza. Você é, em grande parte, o tipo de pessoa que pode viver e trabalhar numa cidade, mas apreciaria um chalé rural no meio do nada, sem sinal de celular. Nesse momento no tempo, o mais vital são as 'ligações' – tanto as 'de cima' como as do dia a dia. Em outras palavras, deve sempre encontrar tempo para meditar, porque os 'de cima' usam esse tempo para estabelecer as ligações. Muitas vezes passamos a vida dando murro em ponta de faca ou batendo em portas fechadas. Até agora, você conseguiu localizar aquela 'janela aberta' para onde o dirigiram, e os outros podem olhá-lo e pensar: 'Ela não tem sorte?'. Talvez até lhe digam isso na cara. Nem pensar. Você obedece às regras da sincronicidade, e é isso que faz a sua sorte. Espero que goste de seu anjo. Ele é muito bonito e, embora eu não tenha visto uma foto sua, você também deve ser, porque o anjo é o que chamo 'anjo refletido'. Em outras palavras, um reflexo da aparência de sua alma."

Globo de angústia

"Você vê o globo rosado e de aparência áspera que mais ou menos vem estragando o fluxo dessa que seria, de outro modo, uma bela imagem. Isso representa o dano que a briga com sua filha faz à sua energia e ao progresso de sua alma. A aspereza do globo mostra o lugar ruim em que ela está agora, e, o que é triste, em vista de questões das vidas passadas e do atual estado de espírito dela, trata-se de alguma coisa que só você pode mudar (mas você já sabia disso, não?).

A observação que ela fez sobre você, na verdade, é alguma coisa no inconsciente dela de uma vida passada que as duas viveram juntas. É comum as famílias voltarem a reunir-se repetidas vezes, para tentar consertar alguns erros, e muitas vezes falham. Então, torna-se cada vez mais complicado, a ponto de ser quase impossível resolver. Se deixarmos isso seguir em frente, na próxima vida teremos ainda mais problemas a remediar, e será mais difícil que agora.

O anjo não sugere que você tente falar à sua filha sobre problemas de vidas passadas, pois ela não aceitará. Se puder, o que precisa fazer é tirar da mente o que ela disse. Perdoe-a, pois ela não tem ideia do motivo de ter falado isso, e, mais importante, isso não é relevante e só vem prejudicando a relação das duas nesta vida.

Como você não sabe por que ela disse isso, o anjo espera vê-la livrar-se da mágoa e atribuí-la, também, à vida passada. Com o tempo essas coisas tornarão a aparecer para serem curadas, mas, por enquanto, o importante é não deixar nada piorar, o que acontecerá com a inércia.

Você tem de interagir com os netos e, se conseguir, entender que sua filha se encalacrou no momento atual e só você poderá ajudá-la, por isso precisa ser capaz de pôr de lado as atitudes dela.

Se puder marcar um encontro, mesmo que seja 'por acaso', então, com o conhecimento que lhe deu o anjo, você deve conseguir absorver um pouco dessa energia dourada e usá-la como amortecedor entre você e qualquer sofrimento. Sua filha não tem o conhecimento e, no momento, está furiosa (mas não sabe o motivo), magoada e confusa sobre como superar essa questão. Com a energia certa, você deve simplesmente poder elevar-se acima disso e agir com total benevolência, de olhos e coração fixos com vigor no 'fim do jogo'. Dessa forma vencerá, e também, no final, a sua filha.

Em relação à sua carreira, todo esse ouro também significa o óbvio: ganho financeiro. Surge um novo investidor nas cartas, alguém com grandes talentos de marketing. *Um novo mercado para a empresa. Você não deve continuar como está, mas, com essa nova injeção de dinheiro e conhecimento, tudo melhorará. Passará por altos e baixos, mas deve manter-se firme.*

Relacionamento liga-se a carreira, por isso não chega a ser tão interessante... Nova orientação, novos lugares no além-mar, algum receio, mas, sim, um final feliz. Parece-me que você deve partilhar os interesses comerciais com essa alma, destinada a ser uma sócia em mais de uma forma. Como sempre, isso vai exigir grande confiança, coisa que você não julga fácil."

SENTIR A COR DO ANJO

Se você avança o suficiente para sentir a presença de um anjo, mas não sabe qual é ele ou o que pode estar tentando dizer-lhe, há outro caminho a seguir. Acalme a respiração, abra a mente e sinta uma cor, a primeira que lhe vier à cabeça. Tão logo a tenha, poderá ler tudo acima e chegar a uma conclusão sobre qual pode ser o anjo e, daí em diante, sobre o que ele talvez esteja querendo comunicar a você.

Mesmo que não tenha chegado tão longe, o simples fato de acalmar a mente e deixar formar-se uma cor pode ajudá-lo a atrair o anjo necessário para mais perto com bastante naturalidade. Essa forma de meditação em cores às vezes funciona muito bem, porque, apenas por encher a mente com uma determinada cor e nada mais, você pode reduzir a velocidade das ondas cerebrais, e com isso elevar a velocidade da vibração energética, mais próxima da dos anjos.

Capítulo 7
ANJOS DO SONHO

*Sobre a profecia e a sorte: os anjos só podem falar
– e os humanos, manifestá-las.*
Anônimo

Se os anjos lhe vêm em sonho, que significam os sonhos?

Os sonhos são um bom momento para interagir com os anjos, pois, tão logo entramos em estado de sono, abrimos muito mais a mente à energia angelical. O estado de sonho é também um dos melhores momentos para ligar-nos à nossa espiritualidade, sem nenhuma das restrições impostas pela sociedade na vida acordada. Os sonhos são uma forma particularmente conveniente e fácil de os anjos nos falarem. As ondas cerebrais em estado de sono profundo têm a frequência alfa. Trata-se do mesmo estado de espírito que se pode ter quando, despertos, sentimos um súbito momento de inspiração. Sabe aquele instante em que você anda em busca de resposta para um problema e de repente ela lhe chega num clarão? Assim, no REM, acrônimo em inglês de *Rapid Eye Movement* (movimento rápido dos olhos) – durante o estado de sono –, as ondas cerebrais entram em condição intensificada, enquanto o corpo fica imóvel e pode até paralisar-se. É o melhor estado para, na verdade, reprogramar a mente inconsciente, e não surpreende que seja esse o momento no qual recebemos mensagens dos anjos.

A base dessas mensagens, porém, o momento em que de fato entramos na dimensão do anjo, acontece muito antes de atingirmos o sono REM, quando chegamos ao sono profundo (embora ainda sem sonhos). Nesse ponto as ondas cerebrais atingem a frequência mais baixa, a delta. Trata-se do mesmo estado que podemos alcançar ao passar por alguma atividade relaxante, como terapia do som ou meditação profunda. E isso ajuda o estado de sono a chegar mais perto dos anjos porque, quanto mais lentas as ondas cerebrais, maior a velocidade da vibração.

Para estimular esse tipo de comunicação, tente meditar até dormir. Um bom CD pode ajudá-lo. Você cairá no sono com toda a naturalidade, e após banir todas as preocupações do dia a dia, que atuam de duas maneiras: você terá aberto o caminho da pura comunicação angelical e elevado a vibração a ponto de poder alcançar os anjos. Não se preocupe em pedir qualquer mensagem específica, apenas se abra para que eles entrem nos sonhos e digam o que você precisa saber, e não o que você acha que quer saber.

Outras formas de atingir esse tipo de sono consistem em contar devagar de trás para a frente a cada expiração lenta, ou imaginar uma história, como uma das meditações de *Angel Whispers*. Isso deve funcionar muito bem.

Sonhos realistas repetitivos

Os anjos da alma são os mais comuns a trazer-nos sonhos. Se você costuma ter sonhos ou pesadelos que se repetem sempre e não parecem relacionar-se com a vida atual nem com pessoas conhecidas, são grandes as possibilidades de você estar recebendo uma cutucada de alguma vida passada. Tão logo desperte desse tipo de sonho, que talvez mostre pessoas com roupas estranhas, de aparência imprópria para hoje, ou que o levam a algum lugar onde jamais esteve e no entanto parece real, tome nota para referência futura. Se não prestar atenção, esses sonhos acabarão por se tornar mais sinistros e virarão pesadelos à medida que o anjo da alma mais se desespera para fazê-lo compreender o que lhe está mostrando.

QUAL A DIFERENÇA ENTRE SONHOS NORMAIS E VISÕES DE VIDAS PASSADAS?

Uma forma de diferenciar sonhos comuns e lembranças de vidas passadas é que no sonho, ou pesadelo, por mais assustador ou perturbador que seja, tão logo você desperta, os efeitos logo se desfazem. Com as lembranças de vidas passadas, as grandes emoções sentidas se reacenderão toda vez que você pensar nos fatos sonhados, mesmo quando acordado, e até semanas ou meses depois. As emoções das vidas passadas perduram.

As visões de vidas passadas também apresentam roupas que combinam com o período do sonho que você tem. Os comuns, a não ser os freudianos clássicos, em que você se vê despido em público, em geral não trazem muita coisa em matéria de roupas. Como essas visões de vidas passadas são na verdade mais memórias do que apenas sonhos com fatos de sua vida atual, elas podem proporcionar-lhe muitos detalhes sobre essa vida, em especial quando se trata de autênticos cheiros, visões ou roupas. Nos sonhos com vidas passadas, você também encontra muita gente que não conhece nesta vida, mas das quais tem informações íntimas, e, claro, se vê em lugares estranhos que jamais visitou, mas dos quais parece ter conhecimento detalhado.

QUE SIGNIFICAM AS VIDAS PASSADAS?

O motivo mais comum para os sonhos com vidas passadas é que o anjo da alma tenta sintonizá-lo com sua própria alma, e com isso fazê-lo compreender o propósito para você estar aqui, nesta vida, neste tempo. Se não conseguir fixar-se apenas nas vidas passadas, você vai precisar de terapia especializada. O retorno a vidas passadas é a mais bem-sucedida forma de lembrar o propósito de sua vida. Em meu *site*, dou uma lista bastante abrangente de terapeutas.

SONHOS QUE MOSTRAM ANJOS

Se você vê de fato anjos em sonhos, quase sempre há nisso uma mensagem incluída que o relaciona ao seu eu superior. A causa mais provável é que, por algum motivo, você não se relaciona o suficiente com essa parte de si em estado de vigília. O estado onírico parece mais seguro; você não precisa na verdade comprometer-se como faz no dia a dia. Com muita frequência, os sonhos que apresentam anjos podem significar que talvez você não esteja em sua própria verdade quando desperto. Em outras palavras, não se preparou para defender suas crenças por temor do ridículo. Trata-se de uma coisa com a qual você tem de reconciliar-se. Retornar à confiança inocente da infância, ao dom que você tinha de simplesmente falar a verdade, às vezes exige muita coragem nesta época, na qual se salta sobre qualquer coisa fora da consciência comum com a finalidade de usá-la como desculpa para abusos.

SONHOS COM ENTES QUERIDOS QUE SE FORAM

Para mim, trata-se do mais belo presente dos anjos. É muito comum as pessoas receberem mensagens tranquilizadoras sobre os entes queridos num sonho inspirado pelos anjos. Um dos aspectos mais interessantes e convincentes desses sonhos é que muitas vezes vários membros da família têm o mesmíssimo sonho. Quando minha irmã Janet morreu, muitos anos atrás, minha outra irmã e eu tivemos o mesmo sonho. Tínhamos ido as três numa espécie de festa, todas muito bem vestidas. Nós duas nos aproximamos de Janet em separado e ouvimos a mesma coisa: "Deixe de se preocupar comigo! Escute, estou ótima! Não veem que estou me divertindo a valer?".

Há pouco tempo, num *workshop*, outra mulher me falou de um sonho com o filho perdido. Um rapaz de cabelos longos e ondulados trazia o filho até ela e dizia estar vigiando o menino até os dois se reunirem.

Sonhos inspirados por anjos e seu significado

Voo

Se o anjo o leva a voar durante o sonho, esse em geral será um momento em que você contempla alguma grande encruzilhada na vida. Talvez deseje estabelecer-se no comércio e esteja se perguntando se terá sucesso. Se você voa com sucesso no sonho, a aventura também terá êxito. Muitas vezes na vida as pessoas sentem medo de deixar as esperanças alçarem voo, para não se decepcionarem. Esse tipo de sonho transmite uma clara mensagem sobre se você deve ou não ir em frente.

Fuga

Se o sonho o mostra fugindo de alguém, ou mesmo perseguindo outra pessoa, talvez seja essa a maneira de o anjo ajudá-lo a cuidar dos temores. Esse tipo de sonho significa que você deve enfrentá-los e ser honesto em relação ao que teme. Talvez até se veja em fuga de si mesmo. Nesse caso, realmente não está sendo honesto consigo mesmo e precisa pensar muito e com empenho no que de fato deseja conseguir e se pode consegui-lo no atual estado de espírito medroso. Contudo, claro, se você foge de caçadores de outra era, talvez seja uma vida passada.

Casas

Se você sonha sempre que mora em diferentes casas, isso pode significar que seu anjo tenta lhe dizer que você tem mais facetas do que já descobriu. Se for esse o caso, você deve a si mesmo a coragem de aprofundar-se em qualquer área que antes o amedrontava, como relacionamento, trabalho ou vida social.

Sonhos lúcidos

Esse tipo de sonho lhe dá controle sobre ele. Você toma consciência de que escreve o roteiro do sonho à medida que avança, e pode influenciar a ação com suas ideias. Trata-se de um grande sonho, porque significa que o anjo lhe diz que você tem o poder de criar sua própria realidade e deve traduzir sua fé em si mesmo quando estiver desperto.

Sonhos que mostram guias espirituais

Se você acha que está sendo apresentado ao seu guia num sonho, é exatamente isso o que acontece. Aceite o sonho pelo que parece. Às vezes, se a mente desperta não se abre ou não se acalma o suficiente para que isso ocorra, o anjo levará o guia direto para a mente inconsciente por meio de um estado onírico.

Viagens

Se você sonha com uma viagem longa e às vezes difícil, na qual tem de continuar em busca de ajuda, é seu anjo lhe dizendo que durante toda a vida você precisará de socorro angelical e não deve se preocupar em ter de pedi-lo. Eles estão lá para ajudar.

Viagem astral

A definição oficial desse fenômeno é: uma interpretação esotérica de qualquer forma de experiência extracorpórea que

pressupõe a existência de um "corpo astral" (ou seja, separada do corpo físico e capaz de viajar fora dele). A projeção ou viagem astral indica que o corpo astral deixa o corpo físico para viajar no plano astral (um lugar de existência alternativa). Os anjos são bem capazes de usar essa experiência para provar alguma coisa ou demonstrar-nos os misteriosos elementos de nosso ser.
Andrew enviou-me isto:

"Uma noite, depois de ir dormir, vi-me de repente na casa de um amigo nos Estados Unidos. Num primeiro momento, julguei que sonhava, mas então compreendi aos poucos que algumas das pessoas ali pareciam não me ver. Tornara-me invisível! Andei pela sala de jantar, onde ocorria um banquete. As pessoas haviam acabado de comer e iam sentar-se nas poltronas mais confortáveis da sala. Também me sentei, mas quase no mesmo instante alguém se sentou em cima de mim. Não doeu, porque não senti o peso e parecia óbvio que ele não me sentia embaixo. Pude levantar-me sem perturbar a pessoa. Outras, apenas umas poucas, me viam e me falavam, mas estranha e vagamente, como se fosse um sonho. Tornou-se óbvio que não era sonho. Eu fazia uma viagem astral!

Eu nunca estivera na sala de jantar de meu amigo antes, por isso olhei em volta interessado. Notei a grande mesa oval envernizada e os painéis de madeira em torno das paredes. Interessou-me em particular ver um artigo que mandara de presente a ele numa das prateleiras que cobriam uma parede. Acabei por decidir sair e, muito simples, lá estava eu. Via todos os carros estacionados e apenas vaguei por ali. Desci até o portão eletrônico, depois comecei a me sentir cansado, e também como se me puxassem. Asse-

melhava-me a um pedaço de elástico que se curvava com delicadeza, fazendo-me sentir arrastado a acompanhá-lo. Antes que me desse conta, já voava em alta velocidade sobre a terra, e depois sobre o mar, tão rápido que tudo se tornava um borrão. Então, de repente, caí de volta em meu corpo, que me esperava na cama, na Inglaterra. Acordei por completo imediatamente e lembrei cada detalhe.

No dia seguinte, enviei um e-mail ao meu amigo e descrevi-lhe tudo. Ele respondeu que tudo se passara da maneira exata como eu vira: os móveis, o banquete, as pessoas, tudo – até o meu presente na prateleira. Foi uma experiência incrível, e mal posso esperar pela próxima. Acho que muitas vezes viajo fora do corpo, mas nem sempre me lembro. O que isso me prova é que vivemos num universo quântico, onde tudo e todo lugar são acessíveis a todos no nível espiritual. Acho que todos podem sair do corpo se quiserem mesmo, ou talvez todos viajamos assim à noite mas não nos lembramos ao acordarmos. Acho que o que me aconteceu naquela noite foi de fato uma 'visão remota', e também o mesmo tipo de coisa sobre a qual li, o governo usando-a para espionar as pessoas na década de 1960. Acho que se faz muita pesquisa secreta a respeito, mesmo hoje".

De Graham vem esta história:

"Quando eu tinha cerca de 20 anos, morava e trabalhava em Cambridge. Certa noite, fui para a cama como sempre, mas não adormeci logo. Fiquei apenas oscilando, como acontece, à beira do sono, mas sem chegar mesmo lá. Tive a sensação de flutuar e senti um relaxamento fora do comum, como se repousasse em cima de alguma coisa tão

macia que eu não a sentia. De repente bati com o nariz em algum lugar. Abri os olhos e fiquei pasmo ao ver o teto bem à minha frente. Sabia que devia ter saído do corpo, ou então desafiava a gravidade.

Para minha surpresa, não me assustou a perspectiva de ter deixado o corpo físico. O que assustava, porém, era que parecia tão normal, como se eu houvesse feito isso muitas vezes antes. Significava que na certa meu espírito andava voando por aí sem que eu tivesse consciência disso – quem sabe aonde fora, ou o que fizera? Ora, isso era aterrorizante!

Mantive a calma, e apenas me obriguei a voltar ao corpo. Retornei com tanta rapidez que não tive qualquer sensação – de repente voltara, só isso, deitado na cama e de olho no teto. Minha reação imediata foi a de que devia ter imaginado, mas ainda sentia o toque absolutamente real do teto no nariz e sabia que passara por uma genuína experiência extracorpórea.

Naquele tempo eu na verdade não curtia essa coisa espiritual, por isso jamais voltei a tentar até hoje, embora, em vista de como parecia familiar, seja possível que o tenha feito muitas vezes e apenas esquecido."

Tanto Andrew como Graham foram levados pelos anjos para viagens fora do corpo, e julgo seguro dizer: isso mudou os dois!

EQM – Experiência de quase morte

Às vezes os anjos trazem-nos de volta da beira da morte porque chegamos lá quando não devíamos. Eis alguns exemplos.

Sue escreve:

"No final dos anos 1960, eu sofria de um vírus de gripe asiática muito grave que se espalhava. Sentindo-me pés-

sima, decidi que um banho quente resolveria o problema, mas uma vez lá dentro me senti ainda pior: tonta e desorientada. Dei um jeito de sair e, quando menos esperava, soube que viajava por um túnel escuro. Vinha em minha direção uma luz muito bonita e forte, tão cheia do mais espantoso amor que era bastante tentador apenas seguir em frente. Eu ouvia minha irmã chamar-me de dentro da luz (ela tivera uma morte trágica alguns anos antes). Mas vi que um ser dourado barrava o caminho e de algum modo soube que ainda não chegara a minha vez, por isso gritei à minha irmã que tinha de voltar. Voltei-me com esforço e abri caminho à força dentro do túnel e de volta ao corpo, que parecia atravessar um rio de geleia quente. Foi muito difícil o retorno. Eu ouvia meu marido chamar meu nome, tentando me despertar. Viu-me caída no chão do banheiro e tentava me acordar. Ele ficou muito aliviado quando recuperei a consciência.

Embora já faça mais ou menos 35 anos, a lembrança continua tão viva como quando aconteceu. Fiquei com o conhecimento de que somos profunda e incondicionalmente amados. A explicação de que foi apenas meu cérebro que se fechou não cabe a mim, pois nesta vida jamais senti uma luz tão radiante nem um amor tão profundo e espantoso.

Tive uma sensação tão grande de volta ao lar durante a experiência que me convenceu de que viemos da luz e a ela retornaremos quando morrermos. A criação religiosa me ensinara que não há morte, mas não me dera qualquer ideia preconcebida do túnel e da luz. Muito mais tarde li um livro sobre o tema, e maravilhei-me ao descobrir tantos outros que haviam tido a mesma experiência. Sempre fui crente, mas ao mesmo tempo me sentia pouco à von-

tade com a religião organizada. Uma parte muito grande da mensagem da igreja parece tratar de medo, enquanto eu descobri que somos profunda e incondicionalmente amados. A experiência me impediu de cometer os erros humanos habituais? Nem um pouco. Saltei dentro e cometi todos os possíveis, com o conhecimento certo de que apesar disso eu era amada, e que se deve viver a vida plena, levantar-se quando cair e mergulhar direto de volta".

Ficou claro que ainda não chegara a hora de Sue, e o anjo providenciou para que ela voltasse para onde devia estar!

Glauco contou-me esta história, que, além de demonstrar uma EQM, também confirma que as crianças têm grande sintonia espiritual:

"Quando eu tinha oito anos, meu pai me levou e a meus dois irmãos para pescar num rio chamado Guaíba, em Porto Alegre, Brasil. Fazia um dia quente e muito ensolarado. Quando chegamos lá, meu pai montava o acampamento e nós lhe perguntamos se podíamos andar um pouco rio acima.

Em princípio ele respondeu não, mas, depois de pedirmos mais um pouco, concordou, dizendo-nos que não entrássemos na água. Repetiu isso quatro vezes.

Começamos a caminhar perto da água e chegamos a um arbusto meio em terra, meio no rio. Não lembro qual de nós teve a ideia de chegar a ele pela água, agarrando-nos aos galhos para alcançar o outro lado. Meu irmão Marco, de 10 anos, entrou primeiro. Deu alguns passos e de algum modo perdeu o chão e afundou; depois meu irmão mais velho, Carlon, tentou ajudá-lo e afundou também. Não sei por quê, mas os segui. Nenhum de nós sabia nadar.

Comecei a entrar em pânico. Fiquei assustado mesmo. Lembro que tentei respirar, mas não podia, entrava água em vez de ar. Recordo que batia os braços e pernas num frenesi, tentando salvar minha vida. O corpo batia em coisas embaixo d'água. Não sei o que era, mas doía. Naquele dia o rio corria rápido de oeste para leste rumo ao mar. Não sei quanto tempo passou, mas, após certo período, não consegui mais me mexer. Lembro que apenas submergi e bati no fundo. Com a água turva, não conseguia ver nada. Sabia que ia morrer, então gritei: 'Por favor, Deus, me ajude!'. Não me pergunte como, mas sabia que Deus era o único que podia me socorrer.

Senti que minha vida se esvaía, e ouvi então uma agradável voz que me mandava relaxar, pois tudo ia dar certo. Também senti que braços me envolviam. Sabia que era um homem, muito bondoso e delicado. Fiquei muito feliz e confuso ao mesmo tempo. Flutuávamos em pleno ar. Percebi então que não morrera, pelo menos ali não. Senti que subíamos muito depressa. Todas as minhas dores haviam desaparecido e eu podia respirar de novo. Não tinha mais o corpo sólido, via através dele, mas ainda me sentia.

Nesse momento percebi que nos dirigíamos àquela luz, em princípio devagar. Quando chegamos perto, ela me envolveu. Brilhava mais que o sol, mas não feria meus olhos. O anjo que a acompanhava disse 'tchau', e desfez-se. Flutuei ali por um instante, pensando: 'Que se passa?'. Sentia-me ligado a tudo, e tudo ligado a mim. Então não mais me senti só. Vi a forma de um homem que se aproximava. Quando chegou perto o suficiente, tive a mais bela sensação de amor, e também de que pertencia a alguém. Não há palavras que minha mente humana possa usar para descre-

ver aquela sensação. Imagine-se num avião que explode! Aí você acorda (era apenas um sonho). Mais ou menos isso. Eu me sentia feliz por não ter morrido, mas onde estava? (O lugar parecia mais real que este aqui.)

O anjo (eu os chamo anjos) aproximou-se pela direita e me falou, mas não movia os lábios. Falava à minha mente. Eu o ouvia também pela mente, o ser, a alma. Ele me disse que viera me ajudar com minhas perguntas (e, cara, como tinha perguntas!), mas primeiro começou a mostrar-me minha vida como um filme. Da frente para trás. Lembro que pensei: 'Até onde isso pode ser ruim? Tenho apenas oito anos?'. A primeira imagem que vi era uma coisa má que fizera (usara uma chave para arranhar um carro). Sentia a dor que causara com minhas ações. Depois, lembro que pensei: 'Oh, não. Entrei numa fria!'. O anjo surpreendeu-me ao dizer:'Não se preocupe, são apenas lições'. E pensei: 'Ai, merda, ele também lê minha mente'. Isso também foi ouvido, e recebi aquele belo e amável sorriso. O filme mostrava, segundo por segundo, toda a minha vida, e eu sentia o resultado de tudo que via. Tudo que fizera tinha vida própria. Ele me mostrou o que eu fizera por amor, também. A época em que fiz amizade com um garoto sem-teto que levei para casa comigo. Tomamos banho de chuveiro juntos. Comemos e eu lhe dei algumas das minhas roupas. Sentia que fizera o anjo feliz. Ele me disse que são essas as coisas que de fato contam, que fazem diferença para melhor no mundo.

À medida que minha vida toda passava de trás para adiante, eu me vi como um bebê dentro da barriga da minha mãe, depois apenas uma molécula de vida, muitíssimo pequena, mas viva. O filme parou, ele disse duas palavras, e com isso respondeu tudo que eu queria saber. Todas as *minhas perguntas respondidas num instante. Então comecei a sentir saudade da vida como a conhecia. Comecei a pensar em minha mãe e senti como seria o sofrimento dela quando soubesse que perdera todos os filhos. Não sei quanto tempo levou tudo isso, pois não tinha mais sensação de tempo. De qualquer modo, sentia falta da minha vida e queria voltar. Tive visões retrospectivas de quando jogava futebol com meu amigo, quando minha mãe me abraçava, o sol, a chuva, coisas que me faziam feliz. Também sabia que o anjo fazia aquilo por um motivo, pois qualquer pessoa sadia não ia querer retornar.*

Percebi do mesmo modo, pela primeira vez, como na verdade era bela e frágil a Terra. Sentia-a respirar como se estivesse viva. Via uma luz em torno de tudo que vivia, árvores, flores, mato, animais, vulcões e seres humanos. Sentia que estes controlam todas as coisas vivas. Fiquei com a palavra "aura" gravada na mente desde então.

Depois senti uma sacudida na alma, a sensação de que retornara ao corpo. Em seguida, soube que outro anjo me segurava. Empurrava-me para fora da água. Então percebi que voltara a ser humano. Oh, meu Deus, que sensação! Eu deseja poder fazer todo mundo sentir o mesmo.

Pareceu-me então estar bêbado. Vi o belo céu azul e pude respirar de novo. 'Cadê meus irmãos?' Olhei à direita e lá estavam eles, saíam da água comigo! Oh, meu Deus. Obrigado! Obrigado! Tenho lágrimas nos olhos agora, ao lembrar. Vi as pessoas correrem ao nosso encontro, algumas choravam, outras sorriam e abraçavam-se umas às outras. Pareciam tão felizes quanto eu! Por quê? Então um policial falou pelo rádio: 'Eu os encontrei! Encontrei os garotos!'. As pessoas se espantavam. 'Não podem ser eles. Não podiam sobreviver a 22 minutos embaixo d'água!' Eu tentava dizer-lhes o que acontecera, mas não conseguia falar.

Ainda sofro de uma leve gagueira hoje, mas não ligo. Não sei o que é melhor, ter voltado aqui ou o conhecimento de que jamais morremos. Hoje, aceito as coisas como são e tento fazer tudo com amor. Algumas vezes é difícil, porque vivemos num mundo de incerteza. As pessoas não sabem quem de fato é Deus. Tornam realmente difícil amá-las como devia, mas eu as perdoo e amo por dentro, embora às vezes não lhes demonstre. Deus sabe o que quero dizer.

Meus irmãos e eu jamais falamos do caso até o Natal de 2007 (38 anos depois). Perguntei a Marco se lembrava alguma coisa. Ele me respondeu que um anjo lhe pedira para não falar a respeito. Uma semana depois, perguntei a Carlon o que acontecera. Ele disse que tínhamos morrido e um anjo nos salvou. Também viu o filme. Não sei por que, mas nunca nos aprofundamos muito nessa conversa. Acho que é medo de que alguma coisa aconteça, porque nos pediram para não falar. À medida que fico mais velho, tenho vontade de contar ao mundo que Deus e o céu são bastante reais. Tenho de ser muito responsável ao falar do assunto. Acho que não sou eu quem escreve isto, mas a minha alma. Rezo para que um dia a raça humana, filhos e filhas de Deus, vivam na Terra com o amor e a paz que senti, e compreendam que somos um só."

Adoro a história de Glauco, e agradeço muito ele se dispor a contar-me. Como seria ótimo se todos crescessem com o conhecimento que tinha esse jovem. O mundo certamente seria um lugar melhor. Quem sabe que coisas incríveis ele se destina a fazer durante a vida?

CAPÍTULO 8
ANJOS-CUPIDO

*Amar para ser amado é humano,
mas amar por amar é angelical.*
Alphonse de Lamartine

Podem os anjos ajudar num relacionamento? Como conseguir algum auxílio angelical para encontrar a pessoa certa, ou resolver as brigas familiares?

A escolha do parceiro com ajuda angelical

Não seria bom se você pudesse usar os anjos para ajudá-lo a escolher o parceiro perfeito sem jamais ter de dizer uma palavra, entrar na caçada, correr riscos ou mesmo preocupar-se com a aparência? Imagine poder escolher um homem ou uma mulher de longe e saber que vai lhe servir.

Bem, você *pode* fazê-lo. Pelo vórtice da energia de seu anjo da guarda, deve poder ver a aura dos outros. Se usar os anjos para ajudá-lo a encontrar alguém com uma aura comparável à sua, é quase certo que dará um bom parceiro.

Os anjos podem ajudá-lo a desenvolver o dom de ver e interpretar auras usando a lista abaixo, que canalizei de meus próprios anjos.

Que são auras? Como seres humanos, somos criaturas de impulsos elétricos, e, como qualquer outro aparelho elétrico, criamos um campo de energia em volta de nós. Isso é a aura. As nossas emanam de nossos chacras, que significam "rodas" em sânscrito, e o corpo tem vários centros de energia giratórios que se assemelham a rodas girando. Esses chacras regulam o fluxo de energia em nosso sistema espiritual. São sete: coroa, testa (ou terceiro olho), garganta, coração, plexo solar, centro e raiz, e todos criam cores em nossos campos de energia.

Se você conhece alguém, e logo sente vontade de recuar, bem pode ser que suas auras não sejam compatíveis. Do mesmo modo, a atração instantânea e a sensação de conforto quando alguém entra em seu espaço pessoal significa que as auras se equilibram uma com a outra.

Para usar auras na escolha de um parceiro, você tem de pedir ao anjo que o deixe vê-las e interpretá-las. Algumas pessoas de muita sorte nascem com a capacidade natural de vê-las. Essas estão, claro, em sintonia com os anjos, e são muito raras. A maioria de nós tem de aprender a fazer isso.

Para começar, sente-se relaxado numa poltrona perto de uma parede simples, de preferência de cor muito clara. Feche os olhos e peça ao anjo que o ajude nessa tarefa. Respire devagar e afaste da mente todas as preocupações e compromissos. Quando sentir o anjo próximo, pelo arrepio na pele, pelo cheiro ou por qualquer sinal que ele use, abra os olhos lentamente. Não perca o ritmo da respiração e concentre-se na energia do anjo em volta. Respire com os olhos – quer dizer, em vez de usar o sentido normal da visão, de ver e interpretar tudo em volta, apenas veja com total concentração um ponto bem à frente, e nada em volta. Não deixe que nada interrompa a visão. Erga uma das mãos à altura dos olhos, dedos espalmados. Fixe as pontas dos dedos, mas "suavize" os olhos, de modo a focalizar o ar logo além dos dedos. Com um pouco de paciência, você vai começar a ver uma linha difusa se formar em torno das pontas dos dedos, quase como uma imagem dupla. Talvez se assemelhe à perturbação do ar em torno de um veículo em rápido movimento, ou uma miragem no deserto.

Tão logo veja isso, mova a mão devagar de um lado para outro. Verá que a imagem segue-a e se mexe junto. Agora você deve poder ver que o contorno desce também entre os dedos. Quanto mais empenho e quanto mais tempo fitar, mais clara se tornará a aura.

Após algum tempo, você vai notar que o contorno se inflama em cima e começa a parecer mais com fios de fumaça do que uma silhueta com linhas nítidas Agora estenda as mãos à frente, palmas juntas, e separe-as devagar. Quando elas se separarem mais, as duas auras delas também se afastarão. A essa altura, você na certa ficará maravilhado por jamais ter visto auras antes, e, se tentar, agora poderá vê-las em torno de tudo, até árvores e rochas.

A próxima coisa que você tem de fazer é começar a ver cores. Isso exige mais que prática, prática e prática. Você vai precisar que alguns amigos atuem como cobaias. Ainda não conheci ninguém que não se interessasse imediatamente e não se dispusesse diante da pergunta: "Posso olhar a sua aura?". As cores surgem aos poucos, começam com uma ou duas até se construir toda a forma da pessoa em blocos ondulantes de cores.

Antes de começar a usar essa recém-descoberta capacidade, você precisa saber o que significam as cores.

- Azul/verde: um curandeiro que pode tratar de sua alma perturbada, mas pode ser frio e tedioso.

- Preto: a própria alma perturbada, talvez muito carente e exigente.
- Azul-pastel: endossará suas emoções e será um amante carinhoso e atencioso; talvez com falta de ambição.
- Azul-celeste: uma pessoa natural, que se interessa pelo mundo, mas talvez não tenha tempo suficiente para lhe dar atenção.
- Azul-petróleo: intuitivo, sempre saberá o que você pensa, ou seja, ele ou ela saberá se você mente!
- Azul-imperial: pessoa decidida, que sabe aonde vai, mas tenha cuidado para não ser esmagado no caminho.
- Turquesa: amante do mar, portanto não é para alguém que deseje um parceiro caseiro, mas muito romântico.
- Azul-escuro: firme e seguro, mas não aventureiro.
- Malva/azul: tem capacidade psíquica, por isso não há como esconder seus pensamentos e desejos mais recônditos.
- Laranja: forte e corajoso, capaz de ter sucesso onde outros falham – não faz o tipo doméstico.
- Bege: tem problemas, mas melhora.
- Caramelo: carreirista, e pode ser implacável, mas será um bom provedor.
- Chocolate: ambientalista que passará a maior parte do tempo salvando baleias; portanto, se você é do tipo "alta manutenção", talvez não combine muito.
- Ferrugem: trabalhador/provedor – talvez um tanto humilde demais, e pode virar um capacho.
- Terracota: rebelde com ou sem causa; você diz preto, ele diz branco, mas divertido: jamais haverá um momento chato.

- Ouro: sincero e honesto, muito evoluído espiritualmente, mas talvez um tanto sério demais.
- Verde-claro: espírito avançado, mas ainda aprendiz, portanto capaz de ser confuso e precisar de longas e sinceras discussões.
- Verde-médio: capaz de curá-lo e disposto a fazê-lo, por mais vezes que você precise, mas pode ser chato se você gosta de festas.
- Verde-grama forte: simpático, gregário, o que significa vida e alma, mas não muito bom na relação um a um.
- Verde-escuro: pode ser mesquinho, mas econômico, o que é útil se você vive gastando sem controle.
- Cinza: sente-se acuado e deprimido, e pode puxá-lo para baixo.
- Pêssego: bom papo/ouvinte, mas o tempo todo – mesmo na hora da sua novela favorita.
- Rosa-claro: procura o verdadeiro amor, mas inclinado a um comportamento meloso; por isso, se alguém que a cobre de rosas no trabalho pode constrangê-la, na certa esse não serve para você.
- Rosa *pink*: feliz na carreira, mas insistirá que você também precisa ser.
- Violeta: em geral teve profunda experiência que o equilibrou e humilhou – bom parceiro, mas não agressivo numa briga.
- Carmim: empreendedor, intromete-se em tudo. Pode ter tendências criminosas se não for controlado.
- Vermelho-forte: criativo, mas muito presunçoso.
- Vermelho-ferrugem: gosta de discutir e não se dispõe a ouvir, mas ficará a seu lado num bate-boca e jamais desistirá.

- Prata: boas ligações com os anjos, mas com tendência a passar longas horas em meditação.
- Pérola: talentos mediúnicos, portanto inclinado a introduzir ocorrências fantasmagóricas na sua casa.
- Amarelo-forte: sonhador, meigo, delicado e inofensivo, mas não especialmente produtivo.
- Amarelo-claro: interessado, empático e misericordioso. Isso significa, porém, que, se você estiver a caminho de uma festa, ele insistirá em parar para recolher um ferido na estrada e levá-lo a um centro de atendimento, mesmo que você use um vestido Armani ou um conjuntinho de grife.

Tão logo você aprenda a ver as cores, pode usá-las de dois modos. Ler as suas próprias (num espelho) e procurar alguém com cores semelhantes, o que lhe proporcionará um parceiro com ideias e planos também semelhantes. Se os dois ocuparem o mesmo nível espiritual, raras vezes vão discordar. Mas igual com igual nem sempre dá certo; por exemplo, se ambos tiverem a cor vermelho-ferrugem, não pararão de brigar e jamais farão as pazes. Não escolha alguém deprimido (cinza) se você também é, senão tudo ficará muito para baixo em casa, e bem rápido!

A alternativa é procurar alguém cujas cores complementem as suas e preencham as lacunas em sua personalidade. Por exemplo, se às vezes você é um sonhador, mas não consegue muita coisa (amarelo-forte), procure um parceiro de aura laranja (probabilidade de sucesso) ou carmim (empreendedor), que possa ajudar a fazer seu sonho se concretizar!

Claro, você bem pode ver várias cores fortes numa pessoa. Se assim for, para esse exercício deve concentrar-se na área do coração e na cor em volta. É a aura que trata das percepções e sentimentos sobre outras pessoas, portanto a que mais lhe interessará quando procurar alguém para uma relação amorosa. Com as auras, as pessoas não têm opção senão mostrar *quem de fato são!*

Se tudo isso for demais para você, outro possível meio é examinar as roupas da pessoa que lhe agrada por algumas semanas, sempre em sintonia com o anjo para obter orientação, até criar um padrão do vestuário dela, concentrado na área do coração – camisas, suéteres e casacos. Você ainda poderá montar uma imagem das preferências gerais da pessoa e compará-la com as suas. Essas cores quase sempre refletem a aura. Tome nota, com todo o cuidado, das cores com as quais se sente bem para determinar a sua "gama". Depois use a paleta de um decorador para ver com quais você se choca, combina e de quais difere, mas se complementa. Óbvio, se você se choca, evite-a, pois, por mais que a pessoa seja bonita, vai decepcioná-lo no fim.

Tão logo tenha encontrado o parceiro de alma, não esqueça de agradecer aos anjos a pela ajuda.

Você pode, claro, fazer uma foto da aura da pessoa, mas veja que, se fizer isso, todos os intérpretes verão essas imagens segundo mapas fornecidos pelas câmeras deles. O que você verá se tiver êxito com o método descrito acima são auras inteiramente naturais, com significados talvez muito diferentes dos compilados pelo produtor de uma câmera de aura.

Qualquer que seja o método que melhor lhe sirva, assegure-se de estabelecer ligação com os anjos antes de começar, com a limpeza da mente e o convite para que entrem e orientem-no.

CAPÍTULO 9
ANJOS ANIMAIS

Às vezes os anjos têm quatro patas e bigodes.
Jenny Smedley

Alguns animais brilham com uma luz perfeita e pura, às vezes apenas por um instante, outras durante anos ou toda a vida, e, ao fazer isso, trazem aos donos especial alegria, salvando-os de perigos, ajudando-os na invalidez ou recompondo suas vidas após uma tragédia. Esses bichos são repletos de divindade e têm histórias especiais que merecem ser contadas.

Os animais constituem perfeitos anfitriões para os anjos por serem muito mais espirituais que nós grande parte do tempo. Somos inerentemente maquiavélicos, nascemos para manipular e usar os outros para impor nossa vontade. Todos mentimos, mesmo que apenas "mentiras brancas", que não parecem fazer mal algum. Temos almas sujas. Com os animais é diferente. Eles amam com o coração puro. As pessoas dizem que o que julgamos amor incondicional dos bichos de estimação na verdade não passa de instinto de sobrevivência. Em outras palavras, querem continuar em nossas "boas graças", pois precisam fazer parte do bando para sobreviver. Não creio que se trate disso de modo algum, e contra-ataco com a pergunta: Então, o que é amor?

- Amor é dispor-se a fazer sacrifícios pela felicidade de outrem.
- Amor é respeitar o outro.

- Amor é dispor-se a defender e proteger alguém, às vezes com risco físico e emocional para nós mesmos.
- Amor é partilhar.
- Amor é confiança.
- Amor é lealdade.

Os animais de estimação têm todos esses atributos amorosos, portanto sentem amor.

Ilustra isso a história de Panda, o vira-lata preto e branco.

Jamais deram permissão a Panda para ir ao andar de cima da casa, embora ele fosse um queridíssimo membro da família. Certa noite, quando ele tinha 14 anos, a mãe da família, Pauline, acordou e encontrou-o olhando-a triste do lado da cama. Ela ficou surpresa, porque em todo aquele tempo Panda jamais violara aquela regra. Pauline acordou o marido, Colin, e os dois fitaram o cachorro, que se virou e afastou-se, mas não desceu. O casal, curioso, seguiu-o até o quarto do filho, Christian, onde Panda cutucou o menino até que também ele acordou. O mesmo aconteceu com a filha de sete anos, Sophie. Em fila solene, a família desceu a escada com Panda e dirigiu-se à cozinha, onde o animal, cansado, subiu em sua cesta e fechou os olhos. Dentro de poucos segundos, parou de respirar e morreu.

A única explicação desse comportamento é que Panda subiu para se despedir da família, um por um. Nenhuma criatura que não conhecesse o amor nem fosse vigiada por anjos teria pensado em fazer uma coisa dessas.

Minha cachorra KC é a reencarnação de outra anterior, Ace, que mostrou o lado angelical muitas vezes durante toda a vida, e chegou até a salvar a minha. Quando KC nasceu, não tinha uma das tetas, a mesma que Ace perdera numa cirurgia uns dois anos antes de morrer. Há pouco, chegou outro fenômeno físico como mais um indício do renascimento de uma como outra. Ace tinha cicatrizes. Quando filhote, antes mesmo de a conhecermos, ela foi escaldada com água fervente. Os abscessos resultantes deixaram-lhe trechos pelados na parte de cima da pata dianteira e em parte do peito. Nos últimos meses, KC, uma cadela toda preta, começou a apresentar alguns pelos brancos. Os trechos pelados correspondem exatamente às cicatrizes de Ace.

Angie mandou-me a seguinte história de uma gata chamada Pudim:

> "Meu avô sempre nos dizia que ia voltar como gato depois que morresse, e todos ríamos e não dávamos importância. Então, quando ele se foi de repente, aos sessenta e poucos anos, isso representou um terrível choque para todos nós. Eu tinha apenas oito anos na época, e, além da perda de um coelho ou porquinho-da-índia, aquela era minha primeira 'experiência' com a morte propriamente dita.
>
> Poucos meses depois apareceu um gato no jardim da vovó, que o adotou. O belo animal, de pelo comprido, cor de casco de tartaruga, chamava-se Fluffy, e vovó vivia a dizer que era a alma do vovô que retornara. Vieram muitos outros gatos ao jardim, mas nenhum ficou como Fluffy. Vovó cuidou dele durante anos, antes que ele morresse.
>
> Agora saltamos para meados da década de 1990. Sempre adorei gatos persas. Sei que alguns os criam com grande crueldade para dar-lhes a aparência que têm, e por esse motivo jamais pensaria em comprar um de criador. Resgatar um, porém, já é uma história bem diferente. Mais uma vez, no quintal da vovó apareceu um gato.

Como tantos iam e vinham, não dei importância àquele e na verdade só o vi no dia em que alguém pronunciou a palavra mágica: persa! Disparei para lá como um tiro, após decidir que, acontecesse o que acontecesse, ia levar aquele gato para casa comigo! Com minha irmã, fui à casa da vovó, e lá, num velho galinheiro caindo aos pedaços, aninhado firme num canto, com os maiores olhos âmbar-alaranjado que alguém já vira, encontrei o pobre animalzinho surrado, aparentemente petrificado. Minha irmã tirou-o do esconderijo e o pôs na cesta de transporte que eu trazia, e logo o levamos para casa.

Uma vez lá, abri a cesta e deixei-a (sim, era fêmea) examinar o novo ambiente, e ela nos deixou a todos histéricos quando se dirigiu a um grande vaso de planta no chão porque precisava fazer xixi. Desse dia em diante, porém, não houve dúvida na mente de ninguém sobre a quem pertencia a gata, pois ela raras vezes saía do meu lado. Dei-lhe o nome de Pudim. Tão logo eu chegava do trabalho, a gata ia me receber na porta da frente, e chegava a reconhecer o ruído do meu carro quando o encostava do lado de fora. Sempre queria carinho ou colo, e tinha de ser de mim se eu estivesse em casa. Outras pessoas só serviam na minha ausência.

Em 1997, ela arranjou um novo amigo. Pouco sabia eu como iam ficar íntimos, e como a amizade floresceria, mas os dois tornaram-se almas gêmeas. Chester era um porquinho-da-índia peruano de pelo comprido com problemas de saúde, que ficou cego dentro de um ano em consequência da doença, mas sabia brincar e viver! Os dois se adoravam, ficavam juntos e, às vezes, Pudim pegava a comida seca do amigo quando eu dava as costas. Por infelicidade, porém, Chester morreu em janeiro de 2000, e a minha gata na verdade jamais superou a perda. Arranjei outros porquinhos-da-índia, mas ela não os aceitava. Não se pareciam com ele, e Pudim nem queria saber.

Em maio de 2000 descobri que Pudim estava com câncer no rim. Fiquei absolutamente aturdida. Notei que ela não parecia bem e mudara de comportamento, distanciando-se de mim. Parecia preparar-me para a separação que em breve viria. O veterinário disse que prolongaríamos a vida dela com injeções a cada três semanas, mas na segunda ficou óbvio que ela se cansara. Assim, aconchegadas, foi como se decidíssemos juntas, de algum modo, que na próxima vez não seria uma dose para prolongar a vida, e sim uma final, aquela que a deixaria partir em paz.

Os últimos dias passaram rápido demais, e eu virei um trapo na noite em que a levei e me despedi. Ela morreu de forma muita tranquila em meu colo, e a sensação quase de euforia e paz, e de saber que agira certo, deixou-me arrasada. Mas ela precisava mostrar-me uma última coisa estranha antes de partir. Quando cheguei em casa e mostrei-a à família, antes de pô-la para descansar ao lado do querido Chester no jardim, fui à cozinha, abri a porta dos fundos e, ao fazer isso, vi minha bela Pudim passar correndo por mim para o quintal que amara tanto; soube então que ela se libertara, feliz e sem dor.

Creio que vovô voltou duas vezes como gato, uma para a vovó e outra para mim. Tenho uma foto de Pudim seguindo um dos hábitos favoritos dele... ler o jornal. Era um animal bonito, brincalhão e muito amoroso, e não a tive por tempo *suficiente, mas nunca vou esquecê-la, nem a amizade que tivemos. Era uma damazinha muito especial, e deixou muita saudade. 14 de julho de 2000 foi o último dia dela, mas sei que está feliz onde se encontra agora, e, quando chegar a minha vez de deixar esta espiral mortal, as primeiras caras que desejo ver são a dela e a do pequeno Chester.*

Espero que isto não a tenha feito chorar como fez a mim! Eu não esperava ser tão comovente lembrar toda essa história, mas a visão das fotos, as lembranças dela e daqueles dias na verdade trouxeram muita coisa de volta. Hoje temos seis gatos, e os amamos muito, mas nem o pequeno Ruby, meu orgulho e alegria, a quem amo demais, recriará jamais a experiência e a ligação especial que tive com Pudim desde o primeiro dia.

Depois que Pudim e Chester morreram, mandei revelar um filme de uma velha câmera. Não me lembro de ter feito a foto que descobri e que quase me levou às lágrimas na loja, mas ali, à minha frente, eu tinha a mais bela imagem dos dois deitados lado a lado. Acho que foi o presentinho deles para mim".

Existem muitas histórias como essa. Por que iria uma pessoa pensar que um ente querido retornaria como animal de estimação? Será possível? Acho que acontece e também acredito que, às vezes, um anjo impele o bichinho a ficar com determinada pessoa. E há algo incrivelmente especial nesses animais, uma espécie de energia angelical, bastante para trazer alívio à dor.

Eis a história de outra possível reencarnação em animal contada por Gillian:

"Eu trabalhava num abrigo de cachorros quando, numa determinada ocasião, um jack russell terrier muito velho e de ar infeliz, corria com os filhotes. Fazia muito frio e ventava no cercadinho dos pequenos, e o cachorro tinha o focinho inchado e escorrendo, com um casaco para mantê-lo aquecido. Desaparecia escondendo-se atrás dos arbustos, e parecia em tão completa infelicidade que senti pena. Após pensar muito, decidi levá-lo para casa. O abrigo dera-lhe o nome de Sr. Grumpy [Zangado, nome do anão da história da Branca de Neve].

Jamais esquecerei o olhar sincero que ele me deu quando o levei de carro para casa. Tinha olhos imensos, muito profundos. Pendia para um dos lados, e recebeu o nome porque, se fizessem qualquer tentativa de pegá-lo, ele dava um rosnado feroz como se fosse morder, embora não tivesse muitos dentes.

No começo de sua estada comigo, decidi dar-lhe um osso, e ele logo o prendeu num dos poucos dentes restantes. O veterinário que o retirou achou que o Sr. Zangado ganhara o nome errado e, a julgar pelo estado dos dentes, na certa jamais ganhara um osso na vida. Decidi renomeá-lo Tenby, que lhe caiu bem.

O rosnado do cachorro assustava bastante; assim, quando precisávamos colocá-lo no carro, desenvolvemos um método de atraí-lo para uma manta e erguê-lo, com manta e tudo, para o banco de trás.

Ele já vivia conosco cerca de seis meses e parecia adaptar-se quando saí de férias e deixei-o aos cuidados de um amigo, que conseguiu perdê-lo. Fiquei consternado e vasculhei o distrito à procura dele, perguntei a todos os vizinhos e entrei em contato com os abrigos de animais da cidade, mas nunca o encontraram.

Nessa época, em meditações diárias, tentava sintonizar-me mentalmente com ele e pedia que me mostrasse onde estava, para poder trazê-lo de volta. Quando fazia a pergunta, a vela apagava, embora não houvesse vento, corrente ou movimento no quarto. Não aceitei na ocasião, mas depois reconheci que aquilo era uma comunicação de Tenby de que ele nunca se fora em espírito.

Três ou quatro meses depois desse fato, eu passava de carro muito perto do local onde ele desaparecera e vi uma gatinha à beira da estrada. Parei e peguei-a. Ela sangrava de um ferimento na cabeça, de modo que corri ao veterinário para dar-lhe pontos. Fiquei deliciado ao ver a cor alaranjada, preto e branco. Tornamo-nos muito íntimos e dei-lhe o nome de Sparkles, [Brilhantes], porque ela se lavava demais.

Minha teoria é que Tenby reencarnou na gatinha ferida para voltar a ficar comigo. O senso de tempo foi perfeito, e quem vai dizer se isso é possível, verdade ou não? Seja como for, faz-me mais feliz acreditar que Tenby me retornou como Sparkles, e me curou o buraco no coração com a presença dela em minha vida".

James enviou-me esta maravilhosa história de como pode ser incrível a ligação entre animal e ser humano, e também como alguns bichos de estimação se imbuem de uma graça que nega o status deles apenas como "animais":

"Pamela e eu somos casados há mais de 28 anos e sempre tivemos barbudinhos (collies barbados) como *animais de estimação. De fato, o primeiro foi um presente de casamento pedido por ela. Na verdade, ela pediu um cão de caça wolfhound, mas achei que seria grande demais e daria muito trabalho para cuidar, por isso aceitei quando ela veio com a ideia de um barbudinho (achei que seria fácil de tratar. Eu sei, era jovem, inocente e nada sabia da raça).*

Seja como for, saltarei os anos felizes até pouco tempo atrás. Temos hoje os barbudinhos números 4, 5 e 6. Star, que fará onze anos em novembro, Amy, que completará cinco esta semana em que escrevo, e Fliss, que fez um em fevereiro passado.

Minha querida Pamela teve um derrame em 12 de julho de 2009. Foi uma enorme hemorragia, e minha cunhada e eu passamos uma semana inteira acampados no hospital ao lado do leito dela, querendo tirá-la dali pela força de vontade. As garotas (nossas cadelas) passavam o dia no carro, no estacionamento do hospital. Eu ia pegá-las sempre para uma caminhada, e, tão logo as tirava do carro, Star e Fliss tentavam arrastar-me para um passeio em outra parte; Amy, porém, puxava-me para o hospital. Óbvio, sabia que 'mamãe' estava em algum lugar por lá e queria vê-la. Isso aconteceu várias vezes.

Chegou a um ponto, cinco dias após a internação de Pamela, que o médico me puxou para um lado e, com ar pesaroso, pediu-me para enfrentar o fato de que ela não ia recuperar a consciência, e por isso tínhamos de decidir se continuaríamos com o tratamento paliativo. Eu sabia que minha mulher jamais quisera ser um vegetal numa cama, por isso nos dias seguintes as enfermeiras e os médicos deixaram-na tão à vontade quanto possível para que se fosse em paz e com dignidade. Vivienne (minha cunhada) e eu nos convencemos de que ela partiria no sábado, 19 de julho, pois dia 19 é uma data importante nas duas famílias, aniversário de Pamela e meu, e também do irmão mais velho dela, aniversário de casamento de meu pai e data da morte do pai dela. Mas não foi assim.

No domingo, a enfermeira encarregada pelo pavilhão voltou do fim de semana e perguntou como íamos. Contamos a história e ela perguntou se Pamela esperava para ver alguém. Nós também faláramos da história de que Amy tentara entrar no hospital. Shymone, a enfermeira, logo disse que talvez minha esposa esperasse ver pelo menos uma das garotas, por isso devíamos ir buscá-la. Um bom amigo que cuidava das garotas durante a noite trouxe Amy na tarde de segunda-feira por cerca de uma hora. A cadela foi um amor, e divertiu-se junto da 'mamãe'. Pamela, uma tristeza, morreu naquela noite. Por isso me convenci de que Pamela de fato não ia embora sem ver Amy. Embora tenhamos muito cuidado em não escolher favoritos, Amy é muito especial, muito sensível.

Quando tenho um dos meus momentos de depressão pela perda de minha querida esposa, Star e Fliss vêm farejar-me, pois sabem que há alguma coisa errada, mas Amy mantém distância por algum tempo, até as outras se afastarem, e então, após um minuto, sobe em meu colo e me dá a mais terapêutica lambida que se pode imaginar."

James também me contou que o irmão mais velho de Pamela comprara meu livro, *Pets Have Souls Too* [Animais de estimação também têm alma], para a esposa, que jamais chegou a lê- lo.

Contudo, ele conseguiu ler-lhe as primeiras páginas quando ela estava inconsciente no hospital, incluindo uma das histórias favoritas da doente, "A Ponte do Arco-Íris". Quando chegou o momento de dizer-lhe que podia partir, disse-lhe que ela ia encontrar-se com as três primeiras barbudinhas (Sylvie, Katie e Heather), e que por algum tempo cuidaria das três garotas. É maravilhoso que Amy ainda cuide de James para Pamela e traga-lhe um pouco de consolação.

Wendy mandou-me esta bela narrativa:

"Minha melhor amiga, Lesley, perdeu o pai há quatro anos. Era muito apegada a ele e sente muita saudade. Ele era um criador de carneiros que manteve muitos collies com o passar dos anos, e amava a todos. Há pouco tempo, Lesley teve muita dificuldade no trabalho e ficou em completa exaustão. Quando recebeu a escala no sábado, perturbou-se muito ao ver que tinha outra semana de cansativos turnos, e sentiu-se no fim das forças. À noite, perguntou ao pai o que fazer. Pediu-lhe que mandasse alguma ajuda.

Na manhã seguinte (Dia dos Pais), ela se levantou da cama tarde e notou um collie sentado na entrada da garagem. Saiu e o cachorro aproximou-se, esfregando-se carinhosamente nas pernas dela. Era um cão bem cuidado e tinha uma coleira com um número de telefone, por isso ela entrou em casa e ligou para o dono. Enquanto fazia isso, o cachorro sentou-se aos seus pés e deitou a cabeça em seu colo, como se fossem velhos amigos.

Quando o marido de Lesley e o cachorro dela voltaram da caminhada, ele disse que o animal estivera ali desde as primeiras horas, quando saíra, sentado na entrada da garagem como se esperasse alguém. O cachorro de Lesley, Nipper, e o collie sentiram-se muito à vontade um com o outro, e o dela não pareceu achar anormal aquele cachorro estranho em casa.

Lesley teve certeza de que o cachorro vinha do pai dela. Sentiu-se melhor por tê-lo em volta e, naquela segunda-feira, sentindo-se muito mais forte por causa disso, foi ao trabalho e resolveu os pepinos de uma vez por todas".

Esta história vem de Heila:

"Comprei Rosie, minha égua, de um fornecedor quando ela tinha cerca de 12 anos. Era mais para magra, mas logo a devolvemos à boa forma. Era uma garota muito bonita, um cruzamento de cavalo de patas curtas com pônei connemara, 14,1 palmos de altura, e tinha uma marca de nascença em forma de lágrima nos flancos. Eu a adorava; Rosie realmente parecia me procurar e eu confiava nela cem por cento. Saíamos sem sela nem brida, em pelo, com um cabresto de corda. Quando cavalgávamos a meio galope, se me sentia insegura, ela reduzia o passo até me permitir recuperar o equilíbrio. Nós duas nos unimos de verdade e nos amávamos. Se queria alguma coisa, ela me dizia com uma cutucada de cabeça, puxava-me contra o peito e acariciava-me.

Quando Rosie tinha 19 anos, descobrimos um câncer nos intestinos dela. Foi muito rápido, e dentro de uma semana eu soube o que tinha de fazer. Foi a decisão mais dolorosa que já tive de tomar, mas, no dia em que chamei o veterinário, antes que ele chegasse, ela não parava de me cutucar, como se dissesse: 'Ora, vamos, você sabe o *que tem de fazer'. Eu trabalhava na época numa loja da New Age, e havia lá também alguns médiuns e paranormais. Também sou mediúnica e em um mês soube que Rosie não me deixara, na verdade não. Eu a 'via' e sentia o seu cheiro, e sentia-a comigo quando saía para andar com meus cachorros. Contei a um de meus médiuns, e ele disse: 'Da próxima vez que a sentir em volta, pergunte se ela a deixa entrar em seu espírito'. Foi o que fiz, e, ah, que maravilhosa experiência! Senti de novo, na hora, a ligação que julgava desaparecida. Isso me fez chorar, mas foram lágrimas de alegria.*

Faz agora seis anos que Rosie morreu, mas até hoje ela continua em minha volta quando preciso".

Eleanor enviou-me esta bela história:

"Após perdermos o último cachorrinho, Coco, então com 15 anos e meio, nosso primeiro minidachshund de pelo comprido, meu marido e eu ficamos muito solitários e tristes. Passáramos de três minidachshunds a nenhum em três anos, e a casa, claro, acabou muito vazia.

Havia poucos meses que Coco morrera, e meu marido e eu fazíamos algumas tarefas no porão. Pusemo-nos a comentar a saudade que sentíamos de Coco e como de fato a amávamos. Calamo-nos por um instante e aí ouvimos um estranho ruído no andar de cima. Parecia uma bolinha jogada que batia no chão três ou quatro vezes (mais ou menos como o som de uma bola de pingue-pongue).

Nós nos entreolhamos, intrigados. Eu com certeza jamais ouvira aquele barulho antes, e passara muitas horas naquele porão. Subi às pressas até a área de onde vinha a comoção. Não encontrei nada, claro, e também percebi que o piso era atapetado, logo não poderíamos ter ouvido o quicar de uma bola normal, mas o ruído fora inequívoco.

De repente, tive a resposta e disse a meu marido: 'Percebe que era Coco nos informando que continua conosco em espírito?'. Ao falar com minha filha Alicia depois, ela lembrou que, quando Coco era novinha, adorava brincar com uma bolinha de borracha que Alicia fazia quicar para ela pegar. Eu havia me esquecido por completo.

Também percebi, após conversar com alguém que tivera de levar seu próprio cachorro para morrer e se perguntava o que fazer com as cinzas, que eu tinha as dos três juntos numa escrivaninha, no lugar mesmo de onde viera o barulho da bola quicando. Após outras pesquisas, fiquei sabendo que o quicar da bola de pingue-pongue é um fenômeno paranormal já sentido por outros. Sinto arrepios, e foi uma bênção ter tido essa experiência. Graças a Coco, por ser nossa cadela".

Sudan contou-me esta história de seu anjo animal:

"Ganhamos Dillan quando ele tinha oito meses. Meu filho me ligou de Exmouth e me perguntou se queria um filhote de labrador. Claro que respondi sim, pois havia pouco perdera a velha garota de 17 anos. Também tinha um terrier jack russell animado, e pensei que ainda sobrava espaço para outro, pois os cachorros são a nossa vida.

Quando Dillan chegou, parecia um mastim, assustado com tudo e muito agressivo em relação a cachorros e pessoas, pois não fora educado para a vida social; mesmo assim, nós o adoramos. Levamos dois anos de trabalho árduo, mas trouxemos para fora as qualidades que fizeram dele um ser especial. Nós os levávamos conosco nas férias e a toda parte, e, quando nosso jack russell ficou realmente velho (tinha incríveis 21 anos de faro), arranjamos uma nova filhote de terrier, Cindy. Ela adorava Dillan de todo coração, e parecia julgá-lo um filho, embora ele pesasse uns 50 quilos e ela nem mesmo 13! Ele tinha uma vida boa. A cadela lavava-o toda manhã, orelhas, dentes e olhos. Deus do céu, ela amava cada centímetro dele. Quando o cachorro começou a ficar doente e o levamos à nossa veterinária, o diagnóstico foi diabetes. Chorei muito, mas, embora morresse de medo de agulhas, dava-lhe injeções todo dia, e tudo parecia bem. Então ele começou a ter dificuldade para se levantar, porque as patas traseiras cediam. Era forte, sabíamos disso porque superara um derrame e tivera o pâncreas removido, mas ainda assim prosseguiu na luta.

Uma noite, fui trabalhar, e chegara fazia apenas dez minutos quando o telefone tocou. Era meu marido, para me dizer que as pernas de Dillan haviam cedido, e dessa vez sabíamos o que tínhamos de fazer. Foi a coisa mais difícil, pois da cintura para cima ele estava ótimo, mas nossos veterinários revelaram-se brilhantes. Achamos a coisa mais difícil do mundo: nosso melhor amigo se fora e a casa ficara vazia.

Ficamos arrasados. Fará quatro anos em março próximo, e ainda dói. Cindy lamentou mais que nós. Adotamos vários labradores, mas ela não aceitou nenhum, até aparecer Gus, mais um labrador preto que foi resgatado.

Parecia Dillan, e tinha muito respeito por ela, que o adora, embora o mate de medo.

Ele é realmente travesso na correia, embora perfeito em todos os outros aspectos. Quando saímos de férias eu não parava de dizer, como piada, que ia trocá-lo por um poodle. Cindy perseguia-o, embora não brinque com outros cachorros (uma verdadeira dama); só com os companheiros que vivem próximo. Fomos a Cockington, perto de Torquay, e um poodle negro partiu para cima dela, embora houvesse centenas de outros cachorros em volta. Cindy balançava o rabo feito louca. Soltei-a e os dois correram juntos como velhos companheiros. Foi impressionante ver como ela aceitou o poodle na hora. Depois tive verdadeiros arrepios porque a dona apareceu e chamou o poodle pelo nome: 'Dillan'!

Fiquei pasma. 'Desculpe, como foi que o chamou?'

Ela respondeu: 'Dillan'.

Perguntei então quantos anos ele tinha. 'Três anos e meio'.

Era quase o mesmo período de tempo desde que perdêramos Dillan. Não acredito em muita coisa, mas acredito que aquele era o nosso Dillan, e Cindy sabia".

Rachel contou-me esta história, uma das minhas favoritas, devo dizer.

"Na verdade, esta história aconteceu com mamãe, quando meu irmão mais velho era bebê (antes de eu nascer). Era 1976, e ela e papai moravam em Cumberland, Maryland. Meu irmão era um bebezinho. Meu pai dava aulas de arte na faculdade próxima, em Frostburg, e mamãe ficava em

casa. Muitas vezes iam a festinhas que duravam até tarde da noite, com alguns dos colegas dele. Mamãe não fazia muito o tipo festeiro, mas às vezes ia e levava meu irmão.

Numa dessas noites, ela decidiu sair e voltar para casa a pé. Meu pai não queria ir embora ainda, por isso ficou. Ela pegou a longa rua, numa colina íngreme, empurrando meu irmão num carrinho. Estava tarde, a cidade aquietara-se, e poucos carros passavam. Após alguns minutos de caminhada, ela passou por um homem no lado oposto da rua. Ao erguer os olhos, percebeu que o homem lhe exibia as partes íntimas. Tomada de medo, ela andou mais rápido, temendo pelo bebê e por si mesma. Estava muito distante da festa para voltar, e ainda faltava um pouco para chegar em casa.

Com calafrios, mamãe percebeu que o tarado atravessara a rua e a seguia. Ele começou a gritar coisas. Ela acelerou o passo, mas ele insistiu.

Então, do nada, apareceram dois cachorrões saídos do meio de duas fileiras de casas. Puseram-se a andar ao lado de mamãe, de algum modo dando-se mordidas de brincadeira. Jamais exigiram a atenção dela, apenas caminharam ao lado, circulando-a e ao carrinho do bebê. A partir desse ponto, e pelo menos durante os próximos 15 minutos, ela andou com os cachorros formando quase o que parecia um círculo de proteção.

O tarado insistiu em segui-la por vários minutos e gritou algumas vezes: 'Esses cachorros são da senhora? Esses cachorros são da senhora?', mas acabou por ficar para trás e afastar-se. Mesmo aparentando embriaguez, sabia que não devia se meter com alguém flanqueado por dois enormes cães.

Quando mamãe dobrou a última esquina, os cachorros afastaram-se para outro lado, inteiramente presentes num *momento e depois, como num passe de mágica, desapareceram. Surgiram e ficaram com ela o tempo todo em que eram necessários, depois se desfizeram como neblina quando a viram na segurança de casa. Mamãe sempre pensou neles como anjos da guarda dos dois, dela e de meu irmão, e acredito que eram mesmo".*

Eu sempre afirmei que os anjos podem lhe surgir do modo exato como você espera ou com a aparência que precisam ter. Não tenho dúvida de que aqueles dois "cachorros" eram muito mais do que pareciam.

Não apenas os mamíferos têm anjos na alma. Mart me enviou esta maravilhosa história de dois corvos:

"Nós moramos no campo, bem no meio do nada, e nos acostumamos a todo tipo de animal selvagem em volta, bem como com o comportamento deles. Mas há pouco tempo começamos a notar que os corvos que fizeram ninho na chaminé para passar o verão agiram de modo realmente estranho. Pousavam no capô do meu carro e bicavam o parabrisa, de modo que ainda se veem as rachaduras no vidro. Eu acordava toda manhã com aquelas bicadas de fato altas e abria a janela do quarto para assustá-los. Eles faziam isso havia mais ou menos uma semana, e não me ocorria nada para detê-los. Começaram a fazer o mesmo na janela do patamar da escada, e achamos que talvez fosse por haver entre os vidros duplos algum tipo de faixa prateada em torno da moldura, e ouvi em alguma parte que eles gostam de coisas brilhantes.

Tentamos tudo, desde cobrir as janelas com mostarda

na esperança de fazê-los desistir até botar um grande gato estofado de brinquedo para atuar como espantalho. Nada deu certo. Não sabíamos o que fazer e no fim tivemos de conviver com aquilo.

Nosso grande pastor alemão começou então a agir meio esquisito, olhava a lareira e inclinava a cabeça para um lado, como se ouvisse alguma coisa na chaminé. Mamãe veio me dizer que achava que havia um pássaro entalado ali, portanto fomos investigar. Com uma lanterna, olhamos para cima até onde pudemos, e, imaginem, lá estavam não um, mas dois bebês corvos caídos do ninho quase dentro da lareira.

Levei algum tempo para esticar a mão até onde pude (é uma lareira pequena e não há muito espaço para tatear) e, um de cada vez, conseguimos pegar os filhotes.

Tivemos o cuidado de verificá-los e parecia que já estavam ali fazia dias. Na verdade, tinham uma aparência esgrouviada, cobertos de fuligem e tão magrelos e desgastados que não podiam nem chamar a mãe.

Demos-lhes um pouco de pão e água e ficamos com eles por um tempo até recuperarem alguma energia, e após duas horas um deles começou a chamar a mãe. Ela circulava acima, de olho atento nos filhotes, de modo que os deixamos na mesa do jardim para a mãe vir buscá-los. Um dos bebês obviamente aprendera a voar, e após um instante o vimos levantar voo, passar sobre a casa e afastar-se. O outro, porém, se achava em mau estado, tão fraco e desamparado que podia apenas chamar a mãe com o fiozinho de voz que tinha. Deixamo-lo no galinheiro externo, mais ou menos protegido com uma caixa de madeira cheia de palha e um pouco de comida e água, pois assim, se a mãe quisesse vir buscá-lo, podia. Enquanto cuidávamos do filhote, ela e o pai circulavam acima, pousavam nas árvores, de olho, e creio – sem a menor dúvida – que sabiam o que fazíamos.

Por infelicidade, o fraco bebê morrera na manhã seguinte e por isso o pusemos numa árvore próxima para a mãe encontrá-lo.

Após ler seu livro Pets Have Souls Too, *somei dois e dois e compreendi que os pais que bicavam as janelas todo dia tentavam nos falar da situação dos filhotes.*

Eu soube que os animais não têm as habilidades conceituais que nós temos e que se você, por exemplo, jogar uma bola sobre a mesa o cachorro a buscará no chão, pois não entende o conceito de superfícies mais altas; porém discordo totalmente, e agora sei que os pais corvos sabiam com exatidão o que acontecera com os filhotes e que eles estavam dentro de casa.

Esse é outro exemplo de como homem e animal podem comunicar-se de certa forma, e talvez até fossem grandes amigos se o homem não houvesse incutido medo em todo animal vivo do planeta".

Concordo em tudo com Mart, e acho que amor e respeito pelos animais constituem a resposta para impedir a descida em espiral da humanidade na decomposição espiritual.

Sally enviou-me esta história de um gato que pareceu, ao menos por um instante, ter poderes angelicais:

"Eu sempre digo que tudo tem um motivo, de modo que, quando atropelaram e mataram minha querida gata, Christa, tentei dizer a mim mesma que também para isso havia uma razão. Ela atravessara a rua em segurança

centenas de vezes, mas desta a pegaram. Jamais soubemos quem foi, pois só a encontramos várias horas depois. Christa e eu tínhamos muita intimidade, e ela sempre vinha quando eu a chamava. Deitava-se atravessada em meus ombros enquanto eu caminhava pelo jardim.

Dois meses depois do acidente, eu voltava de carro para casa quando me aproximei de um cruzamento meio perigoso, não longe de onde Christa morrera. Naturalmente sempre lembrava dela quando passava naquele ponto, e nesse dia aconteceu o mesmo. Quando cheguei perto, vi uma pequena forma na rua. Freei num frenesi e, mais de perto, percebi que era um gato agachado. Tinha a mesma cor de Christa, mas eu disse a mim mesma que existem milhares de gatos cor de casco de tartaruga. Não podia ser ela! O carro não reduzia a velocidade com rapidez suficiente e comecei a entrar em pânico, pois não parecia que o bichano ia se mexer. Eu não tolerava a ideia de matar o gato, e no mesmo lugar onde Christa morrera. 'Não!', gritei. 'Mexa-se!'

O animal levantou-se. Arrepios percorreram-me o corpo, pois vi que era Christa! 'Christa!', gritei. A gata não se mexeu, e o carro deslizou irresistível para cima dela, com uma guinada para o lado. Parecia um desses pesadelos: era como se o veículo se movimentasse em câmera lenta, porém, por mais que eu pisasse no freio não ia parar a tempo. 'Por que ela não se mexia?', perguntei-me. A cara de Christa me fitava por cima do capô e, embora eu soubesse que não era possível, não havia dúvida de que era a minha gata que me olhava. O carro passou por cima e ouvi um nauseante baque, seguido por uma pancada quando o pneu a esmagou.

Por fim, o veículo parou atravessado na rua. Nesse segundo, houve uma buzinada de rachar os ouvidos e um ronco, quando um velho caminhão-tanque passou disparado pelo cruzamento sem sequer reduzir a marcha. A preferencial era minha, e, se eu não houvesse parado onde parara, o caminhão teria mergulhado em meu carro. Descobri depois que não o fizera devido a uma falha no freio.

Fiquei um momento a olhar o caminhão, depois me lembrei da gata que me salvara a vida. Corri até o fundo do carro e olhei. Nada: nem sangue, nem pelo, nem carne rasgada. Nem sinal de gato em parte alguma".

Poderia parecer que todas essas experiências só acontecem com animais bonitinhos peludos ou emplumados, mas nem sempre é o caso. Em minha recente intenção para a mãe de Jade Goody, Jackiey Budden, a filha mandou-me falar à mãe de uma pequena borboleta amarelo-claro que ela usava para vigiá-la. Jackiey confirmou que de fato um inseto desses a seguia, em toda parte, durante meses.

Há pouco, Tony Byford, do SOS Animal Rescue, na Espanha, mandou-me esta bela história sobre seus cachorros. Pessoas assim merecem o meu máximo respeito, pois ajudam os animais em circunstâncias muitíssimo emocionais e difíceis, e não sei se teria a coragem de enfrentar o que elas enfrentam.

"Divido a casa com um amigo clarividente, José, e, óbvio, temos cães e gatos também. Na última sexta-feira um dos cachorros, Popeye, não se sentiu muito bem e não quis sair nem comer. Tinha 12 anos, por isso o pusemos na cama num quarto, quieto e sozinho, e o verificávamos toda hora. Na

manhã de sábado, perguntei a José se fora vê-lo e ele respondeu que sim, mas Popeye morrera, uma coisa triste. Contou em seguida que já sabia da morte porque na noite daquela sexta, meio adormecido, tivera a sensação de um cachorro deitado na cama com ele, e um homem de capa ou túnica branca sentado numa cadeira ao lado. Também falou da sensação de que o cachorro deitado em cima dele se levantava e fazia José e o colchão se mexerem também. Quando acordou, foi ao quarto onde estava Popeye e encontrou-o morto. Meu amigo não tem ideia de quem seja o homem, só se lembra da capa branca. Popeye nos acompanhava desde filhote, e na verdade ainda temos a mãe dele. Vamos levar as cinzas de volta esta semana, e as enterraremos no jardim".

Tony me perguntou o que significava isso. Senti que, devido a todo o maravilhoso trabalho que fazem, é óbvio que têm uma bela ligação com os animais, cães em particular. Para mim, era um claro sinal do mundo espiritual o fato de que se vê o trabalho deles com graça. Creio que se tratava de um dos anjos dos animais que se mostrava, para provar que os irracionais têm tanto direito a anjos quanto os seres humanos.

Neste ponto, eu gostaria de falar de uma mulher chamada Margaret Barker, hoje idosa e frágil, mas que passou a maior parte da vida tentando fazer com que se reconhecesse o papel dos animais na guerra. Certa vez ela salvou um velho cavalo de batalha chamado Joey, um dos poucos a voltarem vivos às praias britânicas. Leitora ávida e faminta por informação sobre história, Margaret lembra que encontrou um livro com detalhes explícitos da Primeira Guerra Mundial, entre eles fotos de animais enviados ao *front*. Essas imagens gravaram-se na mente dela, que tomou consciência do sacrifício feito por todos os envolvidos. Jamais esqueceu o preço pago por Joey e milhares como ele.

Mais ou menos nessa época Margaret passou a acreditar que deviam homenagear os animais no Dia da Recordação, junto com os soldados para os quais trabalharam e com os quais morreram. Há pouco tempo, começaram a realizar-se os desejos dela, e eu fui uma de muitos em todo o País a pôr uma coroa de flores especial no Dia da Recordação para homenagear aqueles cavalos, cachorros, gatos e pombos mortos sob fogo. Não se trata de modo algum de destratar as pessoas que morreram, e sei que elas, se lhes perguntassem, ficariam satisfeitas por ter os irmãos animais lembrados e homenageados.

O homem sempre arrastou animais, inocentes e incautos, aos campos de guerra. Sinto o coração partido em particular pelos cavalos. A visão das descrições dessas nobres criaturas galopando para cima dos canhões me consterna. Eles não têm conhecimento consciente do conceito de guerra, de matar e morrer. Não compreendem o que significam metralha e os clarões, e quando se veem caídos no frio chão devem sentir um medo incrível. A Wikipédia traz estes fatos preocupantes, entre outros, sobre os cachorros na guerra:

> *Mais ou menos 5 mil cães de guerra americanos serviram na Guerra do Vietnã. Cerca de 10 mil recrutas atuaram como tratadores de cães no conflito, e estima-se que as unidades K9 salvaram 10 mil vidas humanas. 43 cachorros de serviço militar e 23 mil recrutas tratadores morreram durante a guerra. Os regulamentos americanos exigiam a destruição ou transferência dos cães militares nas zonas de combate, e não se sabe de nenhum deles que tenha voltado aos Estados Unidos.*

Tanto mais estranho e injusto, portanto, que pessoas no mundo ainda tratem seus bichos com indiferença, como se não passassem de máquinas. Sei com toda a certeza que algum dono de animal com ele ao lado num momento de medo ou conflito concordaria que, na verdade, alguns anjos têm quatro patas.

Parece adequado dizer que a última palavra sobre animais deve ir para um militar, e alguém talvez não reconhecido pela ligação com os bichos. O trecho seguinte das memórias de Napoleão fala da profundidade da dedicação dos animais a nós: "O mastim de um soldado ficou com o dono morto e tentou revivê-lo na batalha de Marengo, na Itália. Quando todos os esforços falharam, ele tentou fazer Napoleão ir até onde o amo jazia, de algum modo com a crença de que, entre todos os homens, o general podia fazer alguma coisa". Napoleão escreveu:

> *Percebi que o soldado devia ter amigos em sua terra, e no regimento, mas jazia onde caíra, desertado por todos, menos o cachorro. Antes e durante toda a vida, encarei impávido as batalhas que decidiram o futuro das nações. Sem uma lágrima, dei ordens que levaram a morte a milhares. E no entanto lá estava eu, abalado, profundamente comovido até as lágrimas, e por quê? Pela dor, lealdade e coragem de um cachorro por seu dono.*

CAPÍTULO 10
VOZES, ORBES E LUZES DOS ANJOS

*Encontraremos a paz. Ouviremos os anjos
e veremos o céu reluzir com diamantes.*
Anton Checov

COMO REGISTRAR A PRESENÇA DE UM ANJO?

EVPs

Uma forma de tentar registrar a presença de um anjo é com o que se chama EVP – sigla de Electronic Voice Phenomena (Fenômenos de Voz Eletrônica). Muitas pessoas dizem ter gravado vozes de espíritos com esse método, mas algumas julgam também ter captado a do anjo da guarda.

Não esqueça: se conseguir gravar a voz de entes queridos, isso terá sido possibilitado pelo anjo. Sempre medite primeiro, peça ao anjo para protegê-lo e guiá-lo e, se ele quiser, que lhe deixe gravar. Tenha o cuidado de fazer isso primeiro, para evitar quaisquer energias negativas que venham.

O bom nesse tipo de indício é que, se você consegue registrar algumas vozes inteligíveis, isso serve como ótima prova de outra dimensão (i. e., anjo/espírito). Podem-se descartar as vozes nítidas como interferência de rádio ou qualquer outra poluição sonora se a experiência for feita da forma séria.

Como gravar um EVP

É óbvio que você vai precisar de algum tipo de gravador. Pode ser qualquer coisa, desde um aparelho digital até uma secretária eletrônica. Seja qual for a máquina escolhida, tente conseguir uma que tenha um contador, para, se gravar alguma coisa, poder encontrá-la depois. Nada mais frustrante que pegar alguma coisa e depois não conseguir localizá-la na gravação.

Outra boa ideia é usar uma máquina com microfone remoto e não embutido, pois o último pode captar o ruído do aparelho, que talvez mascare ou polua a voz que você tenta gravar. Se o microfone tem um fio comprido, você pode colocá-lo distante do gravador e evitar o problema.

Teste a máquina antes de começar, para saber que tipo de ruído de fundo esperar. Óbvio, ponha-a distante de quaisquer outras fontes de barulho, como condicionadores de ar, ventiladores, geladeiras – até aquários, pois o zumbido dos filtros pode arruinar o EVP.

Também é boa ideia começar com uma fita nova, pois, mesmo que você julgue ter gravado em cima de mais alguma coisa com o EVP, um certo barulho pode surgir por baixo.

Agora, quando pronto, ponha o volume do gravador no máximo e peça aos anjos para deixarem os entes queridos virem até você. Em seguida, tente não se mexer, pois mesmo o farfalhar das roupas às vezes estraga a clareza do EVP. Se quiser, pode mesmo sair do aposento nesse instante e apenas deixar a fita correr, pois não é provável que ouça alguma coisa apenas com os ouvidos.

Tão logo ouça a fita, é melhor usar fones de ouvido, pois isso facilitará a audição de todo EVP possível e também eliminará qualquer barulho externo. Talvez você só consiga uma ou duas palavras na primeira tentativa, mas logo, com experiência, conseguirá distinguir entre vozes e ruídos de fundo. Assim que começar a pegar palavras audíveis do ente querido ou de um anjo, anote-as, pois não é provável que as primeiras captadas façam sentido logo de cara. Após algum tempo, porém, farão.

Fotografia de orbe e luz de anjo

Muita gente pensa que os orbes e as luzes dos anjos são fenômenos recentes, e atribuem esse aparecimento às câmeras digitais, mas na verdade mandaram-me imagens desse tipo em velhas fotos, às vezes em preto e branco, de décadas antes da invenção da câmera digital. As pessoas produzem todo tipo de explicação para essas estranhas "capturas". Algumas dizem que são apenas anomalias luminosas, gotas de umidade ou poeira. Outras acham que são bolhas de ectoplasma ou energia eletromagnética. Outras ainda pensam em "vazamentos" de outra dimensão, e, além dessas, existem as que imaginam tratar-se de manifestações de alienígenas de outros mundos. Pode ser qualquer uma dessas coisas. E também indício de um ente querido morto, ou uma presença angelical.

Se você quer captar alguns autênticos orbes espirituais e não tem ideia de onde ou quando começar, uma boa dica é manter os olhos nos bichos de estimação. Os cachorros e os gatos, em particular, parecem poder ver orbes a olho nu, e muitas vezes tentam brincar com eles. Para nós, é como se os animais brincassem com algo invisível, claro. Tire algumas fotos se pegar um bichinho fazendo isso e veja o que consegue.

Como eu disse antes, as pessoas apressam-se muito a rotular os orbes e as luzes como anomalias, mas os anjos às vezes os utilizam se isso os ajuda a chegar a nós. Nesses casos, depende muito das circunstâncias à época do aparecimento do orbe; se você pediu um sinal e ele de repente se põe a pipocar nas fotos, então está aí a resposta. Mas tenha cuidado, pois eles se destinam apenas a você, e não convencerão necessariamente qualquer um de que são verdadeiras manifestações espirituais.

Como captar orbes

Claro, é preciso ter uma câmera. As digitais são as melhores, pois se veem os resultados na hora. Você não tem de ser muito talentoso em fotografia para captar orbes, embora, óbvio, quanto maior o foco, mais fácil será interpretar o que se conseguiu. Para manter os verdadeiros resultados no máximo e os espúrios no mínimo, não faça as fotos onde flutuam moléculas de poeira ou gotículas d'água. Por isso, melhor evitar as imagens tiradas ao ar livre à noite, pois, nesses casos, há maior probabilidade de captar orbes, mas de modo nenhum paranormais. Evite, claro, a chuva, pois se formarão gotas na lente. Não faça fotos diretamente no sol, porque os efeitos luminosos também anularão em grande parte os resultados. Não ande muito se estiver ao ar livre, pois isso levantará poeira. Assegure-se de que a lente da câmera não tem marcas de dedos ou manchas de gordura de qualquer espécie, pois, embora os resultados, em princípio, possam parecer impressionantes e genuínos objetos captados na foto, qualquer exame mais de perto logo revelará o que são.

Antes de começar a fotografar, diga aos anjos o que pretende numa meditação, para tornar a energia em volta propícia à recepção de um sinal fotográfico.

Como saber se os orbes e as luzes são espíritos ou anjos

Você pode ter certeza de que captou alguma coisa interessante se:

- O orbe na foto parece mover-se rápido. As moléculas de água e poeira não se movem com rapidez suficiente para causar um borrão.

- O orbe é uma forma estranha. Poeira e água apresentam uma forma rotineira. Qualquer coisa que se desvie da norma é incomum.

- Os orbes têm cores fortes (em geral vermelho, laranja ou azul/malva). Poeira e água raras vezes aparecem coloridas.

- Só um orbe na foto. É mais provável que seja um sinal espiritual se não há um amontoado deles na imagem. As multidões de orbes têm mais probabilidade de ser nuvens de poeira ou água.

- Vê-se que o orbe está em parte atrás de outro objeto. As moléculas de poeira e água ficam na lente, por isso não podem passar para trás de alguma coisa ao serem fotografadas.

- O orbe apresenta um rosto nítido – sobretudo se se pode identificá-lo.

- Os orbes têm um halo ou são luminescentes.

- O orbe tem seis ou oito lados, a forma mais provável para transcender diferentes dimensões.

- Os orbes têm muito brilho branco e nenhum ponto dentro.

- Os orbes têm aparência sólida – muitas vezes mais ovais que esféricas.

- Os orbes refletem luz, pois isso prova que são tridimensionais e portanto mais um orbe completo que um círculo plano.

- O orbe tem cauda.

- Cresce nas fotos progressivas.

Se você captar mais a luz ou neblina que o orbe, será interessante se:

- Nada em volta criava a neblina, como fogo, alguém fumando na vizinhança ou nuvem ou neblina mesmo.

- A luz não é redonda, mas tem uma forma, que pode ser de nuvem ou na verdade de uma pessoa, anjo ou objeto.

- A neblina tem um halo colorido.

- A luz é colorida, mas não simétrica.

- A luz colorida sombreia uma pessoa na foto, como uma aura.

- A luz move-se rápido e tem uma cauda, como um cometa.

- Avança para o outro lado da cena na fotografia de tempo rápido.

- Cresce nas fotos progressivas.

Tenha em mente que mesmo um orbe ou uma forma de neblina que se revela ter sido criada por uma anomalia da luz ainda pode, na verdade, também ser uma mensagem angelical. Os anjos usam qualquer meio à disposição deles!

Conclusão

Porque está escrito: Aos seus anjos ordenará a teu respeito, que te guarde; e eles te susterão nas mãos, para que nunca tropeces em alguma pedra.
Lucas, 4:10-11

Espero que a esta altura você tenha compreendido que os anjos não andam por aí para alguns poucos privilegiados. Às vezes é difícil continuar com uma atitude positiva quando parece que tudo em volta dá errado, mas com um pouco de diligência consegue-se entrar em contato com o reino angelical e pôr a vida de volta nos trilhos.

As melhores formas de fazê-lo são:

- Meditação – somente com o abandono de todas as preocupações com a vida diária você acalmará suas energias o suficiente para que os anjos o alcancem. A meditação também pode elevar suas vibrações e com isso levá-lo mais próximo deles. Muitos bons CDs sobre o assunto o ajudarão, ou, se tiver dificuldade para chegar a um estado de calma sozinho, por que não entrar num círculo com pessoas de pensamento semelhante? A energia de grupo muitas vezes ajuda, se você não consegue chegar à condição certa por si mesmo. Pode-se obter essa ajuda em círculos místicos, nos quais as pessoas tentam curar-se umas às outras ou criar novas capacidades mediúnicas, ou juntar-se a um grupo que pratica ioga ou algum tipo de meditação budista. Não importa qual o caminho escolhido, pois todos ajudam.

- Visualização – assim como se você passasse um DVD, imagine a vida que gostaria de ter deslizando por sua mente em cada detalhe. Quanto mais puder ver cada detalhe, e quanto mais real o distinguir, mais você canalizará sua capacidade de transformar a realidade, e também de preparar a mente para aceitar a ajuda dos anjos e tornar sua vida melhor. Se você se concentrar na mudança para uma nova casa, por exemplo, veja tudo: as janelas, o jardim, os móveis, as portas, as cores, a cozinha, cada aposento. Dê uma andada mental pela casa e torne-a real. Sinta como seria viver ali. Faça-a sua.

- Seja positivo – como eu disse, energia positiva é energia tranquila, e, se está cercado por ela, isso torna muito mais fácil você e os anjos se ligarem e interagirem. Uma imagem em foco, como a descrita em *Angel Whispers*, ainda é o melhor instrumento para estimular a positividade. Uma atitude positiva não fará o seu caminho pela vida mudar num segundo, mas será o início para a mudança de tudo. Basicamente, para conseguir isso você cria um foco para pensamentos positivos com o desenho de uma imagem que simboliza como gostaria que fosse sua vida e a escrita de um mantra de oito palavras em torno da imagem. Olhando essa imagem toda manhã e repetindo várias vezes o mantra, você verá o dia tornar-se positivo e reduzirá o impacto de quaisquer acontecimentos negativos.

- Procure a regressão de vida passada com um hipnoterapeuta – trata-se do melhor meio que conheço para começar a religar-se com sua espiritualidade profunda. Saber quem de fato é, e quem foi, vai ajudá-lo não apenas a encontrar a si mesmo, mas a seu anjo da guarda, e com esse poderoso ser ao lado haverá toda chance imaginável de você mudar as coisas nesta vida. Se pensar nisso, sem a menor dúvida perceberá que pistas da sua vida passada o cercam desde que consegue lembrar-se. Os sinais podem ser sutis, como sonhos estranhos ou devaneios tipo visão de outros lugares e tempos, ou interesse permanente em certa era – talvez as roupas combinem com seu estilo e o façam sentir-se completo, ou você goste de colecionar artefatos de certa época porque lhe parecem conhecidos e o deixem contente. Ou essas pistas podem ser mais contundentes, como fobias ou obsessões inexplicáveis que não têm raízes na sua vida atual. Reúna essas pistas e tenha certeza de que, quando especialistas o fizerem regredir, a vida passada que lembrar vai encaixar-se nelas. Isso é prova de seu anjo da alma em ação.

- Tome o caminho de menor resistência – às vezes resistimos à ajuda dos anjos porque não temos a mínima ideia de contra o quê lutamos. Se parecer que a "má sorte" espreita cada movimento seu e que, por mais esforços que você faça para avançar, a vida continua fechando-lhe portas na cara, isso significa que anda batendo nas portas erradas. Os anjos tentam "arrebanhar-nos" em direção ao nosso destino certo, mesmo se for uma direção que não teríamos escolhido conscientemente. Assim que prestamos atenção e nos permitimos ser arrebanhados, temos toda a chance de ser felizes. Então, se isso ocorre com você, recoste-se, pense a respeito e procure alguma alternativa para seu rumo percebido. É provável que esteja lhe encarando de frente. Sempre há uma opção, e escolher a que o faça resistir menos pode ter certeza de que é o caminho certo. Uma palavra de advertência, porém: às vezes destinaram-no a lutar por alguma coisa. Mas a regra geral parece ser: se você foi três vezes derrubado para trás ou para baixo, é porque o estão guiando em outra direção.

- Comece com humildade – se você acha que seu anjo o ignora, ou que nem sequer tem um, pode apostar que ele vem tentando com muito esforço convencê-lo do contrário, mas às vezes, quando nos encontramos no nevoeiro de "ser humano", simplesmente não conseguimos ou não queremos vê-lo. Por isso, comece com humildade. Peça algum pequeno sinal, como uma pena num lugar improvável, ou uma música com certa letra em determinado momento. Trata-se da maravilha sobre a comunicação angelical – você pode saber se progrediu, porque haverá sinais disso. Procure algo incomum, pois os anjos não são nada se não formos criativos, e em geral usam quaisquer meios que talvez possamos imaginar, e alguns que não, para chegar a nós. Assim, anote toda coisa incomum, ou que se destaque no seu dia. Assim que começar a observar essas coisas, a incidência delas aumentará e começará a compor uma imagem. Não perca os sinais nem deixe o cérebro (lado esquerdo) convencer-lhe a descartá-los. Quanto mais acreditar em anjos, mais verá sinais de sua presença, até o que estiver acontecendo tornar-se prova irrefutável para você.

- Escute músicas que o acalmem e o tirem de si mesmo – tudo que distrai e suaviza a mente consciente vai ajudá-lo a conectar-se com anjos. Taças de cristal, taças e gongos musicais tibetanos, todos têm uma função a desempenhar. Terapia do som de qualquer forma pode transformar suas ondas cerebrais e torná-lo receptivo à comunicação de um reino mais elevado.

- Comunique-se com sua criança interior – isso vai levar sua disposição mental de volta a uma época em que a ligação com os anjos era natural. Faça-o lembrando de um tempo na infância em que se sentia triste ou infeliz. Talvez tivesse desagradado a um dos pais e se sentido injustamente castigado. Veja a si mesmo em pé diante de seu atual eu como criança. Aceite que agora é o adulto que tem o poder de reconfortar aquele ser pequeno e endireitar tudo. Abra os braços e acolha-o no seu eu atual. Sinta a leveza e a inocência da criança a transformar-lhe o eu atual, que pode ser negativo ou sobrecarregado de responsabilidades da idade adulta, no maravilhoso estado da infância. Ao curar esse pequeno trauma no eu da meninice, você conseguirá aproximar mais o eu atual do êxtase de anjos.

- Perca algum tempo para deter-se e contemplar a beleza do planeta – pare e fixe os olhos na melhor paisagem que encontrar e deixe a mente encher-se de amor pela Terra e pelo próprio universo. Trata-se da forma de manifestar mais beleza e proteger o planeta. Não se apresse, leve o tempo necessário, e aprecie os prodígios de animais e a natureza. Não viva sempre correndo numa competição exagerada, porque sua saúde espiritual a longo prazo será muito maior e mais importante que a material. Sua saúde espiritual pode ser levada consigo.

- Anote quaisquer sonhos incomuns que você tenha, sobretudo se acontecerem bem no momento de adormecer ou pouco antes de acordar – mantenha um diário de sonhos ao lado da cama; após alguns meses ficará estupefato ao ver como os sonhos se traduzem numa mensagem contínua, ou num quebra-cabeça cósmico de como tudo devia ser. Confie nas mensagens que recebe.

- Use cartas de profecia – podem ser baralhos de tarô ou de anjos, ou qualquer tipo que lhe agrade em termos estéticos. Com a prática, receberá mensagens dessa forma, não com a tradução literal do significado das cartas, mas da maneira como fazem sentido para você em particular.

- Tente todas as terapias de anjo, porque às vezes o seu vai recorrer à comunicação com você por meio de uma terceira parte, um "anjo terrestre", como o chamam de vez em quando – à parte os óbvios benefícios possíveis, se você se relacionar e interagir com um terapeuta que está no lugar certo em âmbito angelical, isso vai beneficiar-lhe o estado mental e o de existência.

- Se for uma vítima da depressão, tente entender que, às vezes, empurrar-nos esse estado abaixo é a única maneira de os anjos poderem abrir-nos o suficiente para ouvi-los – comparo essa forma de nos tratarem com um desses pequenos sapinhos de plástico com o mecanismo de sucção embaixo. Somos empurrados para baixo com força cada vez maior até não haver outro lugar para irmos (em outras palavras, não conseguimos pensar em mais nada, e assim o anjo foi bem-sucedido em bloquear nossas reações emocionais do corpo físico ao mundano). Então nos soltam e disparamos no ar igual ao sapo quando solta a pressão de sucção. Foi assim que aconteceu comigo, e a mensagem que recebi naquele momento mudou realmente tudo para mim numa fração de segundo. Se é assim que você se sente, permita-se começar a esperar a liberação a qualquer segundo. Saiba que está sendo preparado para uma nova compreensão e uma nova realidade. Apronte-se para agarrá-las quando aparecerem. Nutra uma sensação crescente de milagre e, quanto mais o fizer, mais ela se intensificará, até que um dia você olhará para trás, como faço agora, de um lugar e de um mundo diferentes.

- Assim que sentir que chega cada vez mais perto de seus anjos, não se esqueça de "pedir" – os anjos só podem intervir na nossa vida da forma que gostaríamos se solicitados a isso. Não receie pedir, porque você tem direito de fazê-lo. Uma vez que houver pedido, porém, seja paciente. O tempo do Céu nem sempre corre no mesmo cronograma que o nosso. Se os acontecimentos lhe parecem seguir fora do caminho, não se desespere. Jamais podemos imaginar o itinerário determinado para a meta de nosso anjo. Ao olhar para trás, verá um mapa exposto que você seguia, mas, quando estiver seguindo o caminho, parte dele às vezes não parece fazer muito sentido. Porque os anjos têm uma tarefa muito complicada ao tentar ajudar-nos sem perturbar a vida de outras pessoas.

- Quando as coisas de fato acontecem, não deixe de dizer "obrigado" – apesar de que, se não disser, os anjos não se ofenderão, pois o amam incondicionalmente, mas não dói ser educado! A emoção de gratidão também é positiva, por isso sentir-se assim estimulará a liberação de endorfina do cérebro, também conhecida como "química da felicidade". Quanto mais produzi-la em base regular, mais treinará o cérebro para ser receptivo à felicidade. Em termos literais, você criará receptores de felicidade no cérebro, e seu modo de ser evoluirá com naturalidade nessa direção.

- Seja amável com as pessoas – essa é outra forma de aumentar a positividade, mas também se sabe que os anjos aparecem em disfarces humanos. Não se trata exatamente de um teste, mas de um meio de termos a oportunidade de nos expressar de maneira positiva.

Assim, se alguém lhe pede um favor, sobretudo um estranho, e você tem condições de ajudá-lo em segurança, pense com seriedade em fazê-lo, porque nunca sabemos quem talvez esteja nos observando! Imagine-se acordando mal-humorado. Ouve a campainha e dá uma topada com o dedão do pé na corrida para atender. Luta à procura da maçaneta e lasca um pedaço da unha da mão. Então abre a porta e lá está o homem do correio com nada mais que uma pilha de correspondência inútil. Você berra com ele por fazê-lo sair da cama, e o agente sente-se aborrecido e humilhado. Retorna ao centro de triagem de cartas e grita com o homem no balcão. Este marca o ponto, chega em casa de mau humor e berra com a mulher por nada. A esposa sente-se triste e solitária. Talvez o anjo naquele exato momento tentasse comunicar-se com ela, e agora se torna impossível. Um roteiro fantasioso, suponho, mas tudo de fato tem uma reação igual e contrária, portanto poderia acontecer num contexto semelhante a esse. Pelas ações, você permitirá que as pessoas percebam anjos em si, e isso, por sua vez, o ajudará. Tente perceber anjos em outros, também. Passe-o adiante, como dizem.

- Passe-o adiante, sim – trata-se de uma esplêndida forma de ser. Se faz um favor a alguém, e este se oferece para pagar – se de fato não precisar do dinheiro, diga-lhe que "passe adiante". Em outras palavras, também eles devem fazer um favor inesperado a outra pessoa. Isso consiste num modo de mudar as pessoas do mundo, um passo de cada vez, e sem a menor dúvida o ajudará em sua busca de falar com anjos.

- Para seu próprio bem, afaste-se de pessoas negativas, habitualmente iradas – isso talvez pareça grosseiro, mas lembro que uma vez frequentei uma aula de meditação sobre raiva num centro local budista. Após a sessão, que trouxe à tona alguns interessantes pensamentos furiosos que eu não me julgava ter, perguntei ao monge encarregado: "Que devo fazer se uma pessoa específica sempre me deixa furiosa e, embora eu tente ajudá-la, nada muda?". Ele me disse que devia afastar-me dessa pessoa, porque no fim do dia eu tinha responsabilidade pelo meu espírito, e não pelo dela. Ela estava me prejudicando, explicou o monge, e eu devia a mim mesma não permitir isso. Assim, mesmo se esse "alguém" é um membro da família, com quem você simplesmente não consegue se dar bem, afaste-se, pois jamais conseguirá ser positivo perto dele, nem mudá-lo.

- Não leia jornais nem assista a noticiários a não ser que de fato precise – notícias ruins são as que vendem programas de rádio ou TV e jornais, uma pena. Quanto mais absorvemos esse tipo de coisa, sejam catastróficas ou matérias de guerra, com mais força o conceito intensifica-se. Não podemos mudar o mundo para um lugar positivo da noite para o dia, mas, se nos recusarmos a nutrir a negatividade, então devagar, mas certo, mudaremos o mundo para nós mesmos; quanto mais pessoas o fizerem, mais o próprio mundo mudará. Tome especial cuidado de não assistir a nada negativo pouco antes ou durante a refeição. Comprovou-se em bases científicas que emoções negativas de fato influenciam a estrutura molecular do que comemos e bebemos. Dar graças à comida e injetar-lhe amor significa que a comida depois vai nutrir-lhe a alma, além do corpo.

- Pare de criticar-se, pois isso o põe num estado de negatividade – perdoe-se por quaisquer enganos que possa cometer, e declare que hoje é o primeiro dia do resto de sua vida. Sublinhe as coisas que talvez tenha feito ou dito que não param de vir-lhe à mente. Seu anjo lhe dará amor incondicional, desde que você o dê a si mesmo. Do mesmo modo, não critique outras pessoas. Não fale sobre medos e problemas do mundo, nem perca tempo com nada negativo. As pessoas acham que nada podem fazer em relação aos problemas que o mundo enfrenta, ambientais e sociais. Embora não seja verdade, elas não vão mudar os problemas do mundo concedendo mais poder ou energia a essas coisas. Quanto mais se nutre algo por pessoas que pensam e falam a respeito, mais se cria essa realidade e maior probabilidade ela tem de manifestar-se. Em vez disso, concentre-se em conversas sobre coisas boas, como comoventes atos de bravura, milagres, por menores que sejam, sobre como o mundo será ótimo quando todos nos entendermos e cuidarmos melhor dele. Assim, você se tornará um "trabalhador leve" e aumentará as fileiras daqueles que se empenham em manifestar uma realidade melhor para todos nós. Não converse com profetas de catástrofes, pois eles trabalham, embora sem o saber, na manifestação de uma realidade pior para o mundo. Não se junte a eles.

Em conclusão, pense no que diz e tente criar dentro de si mesmo um céu onde os anjos não temeriam caminhar, mas se sentiriam bem-vindos. É um direito seu, e cada pessoa pode fazê-lo. Apenas creia. Quanto mais você vê, ouve e sente anjos, treinando-se para fazê-lo, mais se tornará parte do reino angelical e mais eles se tornarão parte de sua vida, todos os dias.

Referências

Livros
Dear Angel Lady – Jacky Newcomb: www.jackynewcomb.com
Awoken by an Angel – Laurence Stanway: www.lulu.com/content/paperback-book/awoken-by-an-angel/870984
How to Hear Your Angels – Doreen Virtue
Drawing Angels – Mimi Doe

Sites
Laura Lyn: www.angelreader.net
www.sos-animals.org
margretbarker.co.uk
www.chilling-tales.com
www.SpiritualParenting.com

Informação de produto
Defendo em meus livros o uso de seda para santuários de seu anjo, mas certas sedas envolvem o que considero crueldade animal. Adquira seda isenta de crueldade aqui: www.ahimsasilks.com

Este livro foi impresso pela Prol Editora Gráfica
para a Editora Prumo Ltda.